97
3
n

8. 966

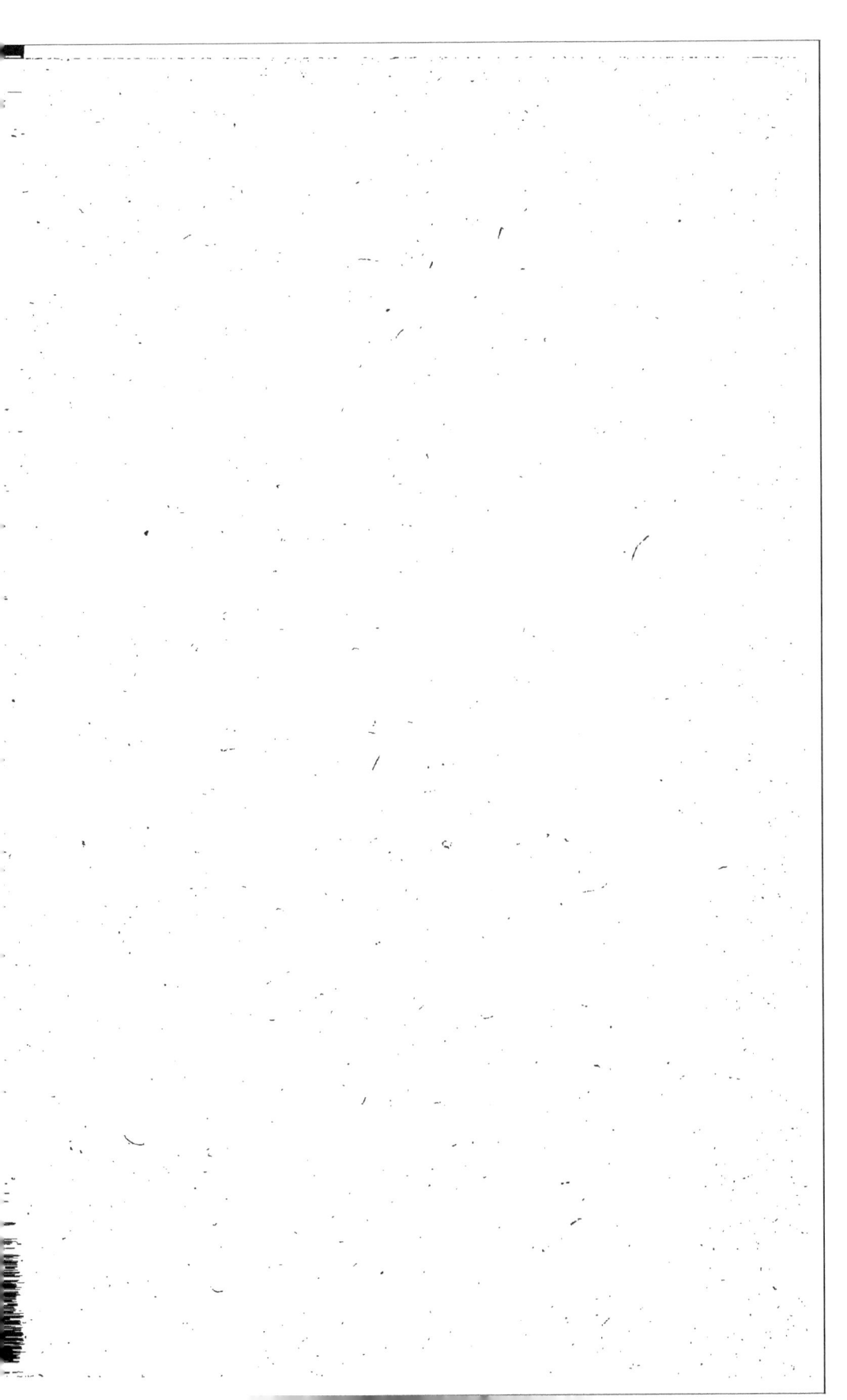

RÉSULTAT

ET

HISTOIRE DE MA PREMIÈRE SATIRE

Par A. Favre

SUIVI DE

QUINZE JOURS DE PRISON

A GRENOBLE

PAR LE MÊME AUTEUR

MARSEILLE

IMPRIMERIE ET LITHOGRAPHIE SENÈS
HENRI VABE, SUCCESSEUR.
Rue Montgrand, 36

1874.

RÉSULTAT

ET

HISTOIRE DE MA PREMIÈRE SATIRE

ERRATA

Page 19, à la 11me ligne lisez : une orpheline de 16 ans *était* employée chez un commerçant, etc., etc., etc.

Page 33, à la 11me ligne lisez : tombait sur les escaliers de la *Poste.*

Page 39, à la 18me ligne lisez : *Ces* vers ont été écrits en 1674.

Page 41, à la fin du renvoi (1) lisez : Le roi Ferdinand, envoyant des Colonies aux Indes, *pourvut* sagement, etc., etc.

Page 80, à la fin de la 7me ligne lisez : il daignait le *satisfaire,* au lieu de : il daignait le lui accorder.

Page 94, à la dernière ligne, il faut lire : « J'ai dit, hier soir, que je ne *craignais* pas que le lit fût dur, etc., etc.

Page 108, à la 10me ligne lisez : Vous avez *subi* la moitié de votre peine, au lieu de : vous avez exécuté.

La négligence apportée dans la correction des épreuves de cet ouvrage, m'oblige à faire précéder le tout d'un ERRATA qui permettra au lecteur de relever les fautes les plus grosssières.

RÉSULTAT

ET

HISTOIRE DE MA PREMIÈRE SATIRE

PAR A. FAVRE

SUIVI DE

QUINZE JOURS DE PRISON

A GRENOBLE

PAR LE MÊME AUTEUR

MARSEILLE

IMPRIMERIE ET LITHOGRAPHIE SENÈS
Rue Montgrand, 36

1874

AVANT-PROPOS

Lorsque pour la première fois un condamné franchit le seuil de la prison, il est à peu près certain que ses premiers jours d'emprisonnement et surtout ses premières nuits seront consacrés à méditer sur les faits qui lui ont valu cette peine. C'est ce qui m'est arrivé. J'ai rappelé mes souvenirs, je me suis demandé si j'avais eu réellement tort d'écrire ma première *Satire*, j'avais relu celles de Boileau afin de m'assurer de l'étendue de liberté qu'avait l'écrivain au xviime siècle, certain d'avance qu'au xixe la dose de liberté devait être plus grande. Néanmoins je ne me laissai pas bercer par une folle espérance, et connaissant sufisamment le républicanisme des gens de *l'ordre moral*, plus prudent que Boileau, et moins bien en cour, je n'ai pas cité un seul nom propre dans ma Satire. Il est vrai que sous le Grand Roi, il y avait assez de courage chez l'homme pour demander satisfaction d'une insulte. On avait plus souvent l'épée à la main que la plume, et les lois de repression contre l'écrivain, ces lois qui ont été faites sous la Restauration pour donner satisfaction aux pusillanimes étaient alors inutiles. Encore, faut-il le dire, ces lois dont nous a doté la Restauration ne sont qu'insuffisantes ou superflues, elles ne réparent pas l'outrage, car lorsqu'il s'agit d'insultes entre simples particuliers la preuve n'est pas admise. Il ressort de là que l'opinion publique peut toujours dire : voici un homme condamné pour avoir dit la vérité. On a beau dire; la condamnation du pamphlétaire ne lave pas l'infâme, et s'il y a infâmie elle reste : l'opinion publique est et sera toujours le dernier, le souverain et suprême juge; c'est après l'avoir consultée que l'on écrit l'histoire.

Après avoir mûrement réfléchi, ma première *Satire* ne serait pas écrite et, par hypothèse, je saurais à l'avance quelle peine et quelle amende j'aurais à subir après l'avoir écrite, que je n'hésiterai pas à me mettre à l'œuvre ; c'est vous dire que malgré le jugement qui me frappe, j'ai la conscience tranquile. Je continuerai de flageller les hypocrites et les gens vicieux, les fats et les cuistres, et puisque le ridicule est une arme qui leur déplait, je suis enchanté de m'en servir à leur adresse.

Je n'ai qu'à peindre le vice le plus éhonté, je n'ai qu'à faire le portrait de l'homme ruisselant de bêtise, ou bien celui de l'avare, de l'hypocrite, du bigot paillard, de l'ivrogne déclassé ; enfin je peux dépeindre tous les vices connus, je suis certain de voir une foule d'individus s'écrier ; « mais c'est moi qu'il a voulu représenter ! c'est infâme ! c'est indigne ! n'est-ce pas, « Messieurs, on ne peut s'y méprendre, c'est bien moi, « vous me reconnaissez ! » Certainement c'est vous-même, diront en chœur ceux qui craignant le peintre et la peinture, voudraient bien que l'on empêchât cette manière de montrer les vices au public, *harro sur le baudet!* qu'on l'enferme, qu'on le ruine, il a osé nous montrer tels que nous sommes. C'est ce que disaient

les Beaunois, quand Piron écrivit *les Anes de Beaune*.
Drôle de pays! drôles de gens: on crie, au voleur!
Tout le monde se sauve. Pouah!

Qui vous oblige à faire cet aveu, personne. Vos péchés?
vous pèsent-ils donc si fort sur la concience, que vous
éprouviez ainsi le besoin de les confesser publiquement.
Cachez vos vices, cachez-les, nous n'avons pas besoin de
vos aveux et de vos cris, vous n'inspirez plus la pitié,
mais le dégoût.

Après avoir fait exposer ma défense par Mᵉ Guillot, ce courageux défenseur de ceux qui osent penser,
écrire et agir pour la liberté, je viens me défendre
devant le public. J'aime mieux mille juges que trois, et
je trouve que celà ne manque pas d'un certain courage,
car je risque le mépris, cela dans le cas où mon écrit
ne serait qu'une calomnie ou une diffamation. S'il est
autre chose, j'aurai l'estime du plus grand nombre,
c'est-à-dire des *gens honnêtes*, — ne pas confondre avec
ceux qui s'intitulent les *honnêtes gens* — cela me suffit.

Je me suis incliné devant la sentence de mes premiers
juges; c'est encore mon devoir de subir le jugement
suprême.

A. FAVRE.

Prison de Grenoble. 16 décembre 1873.

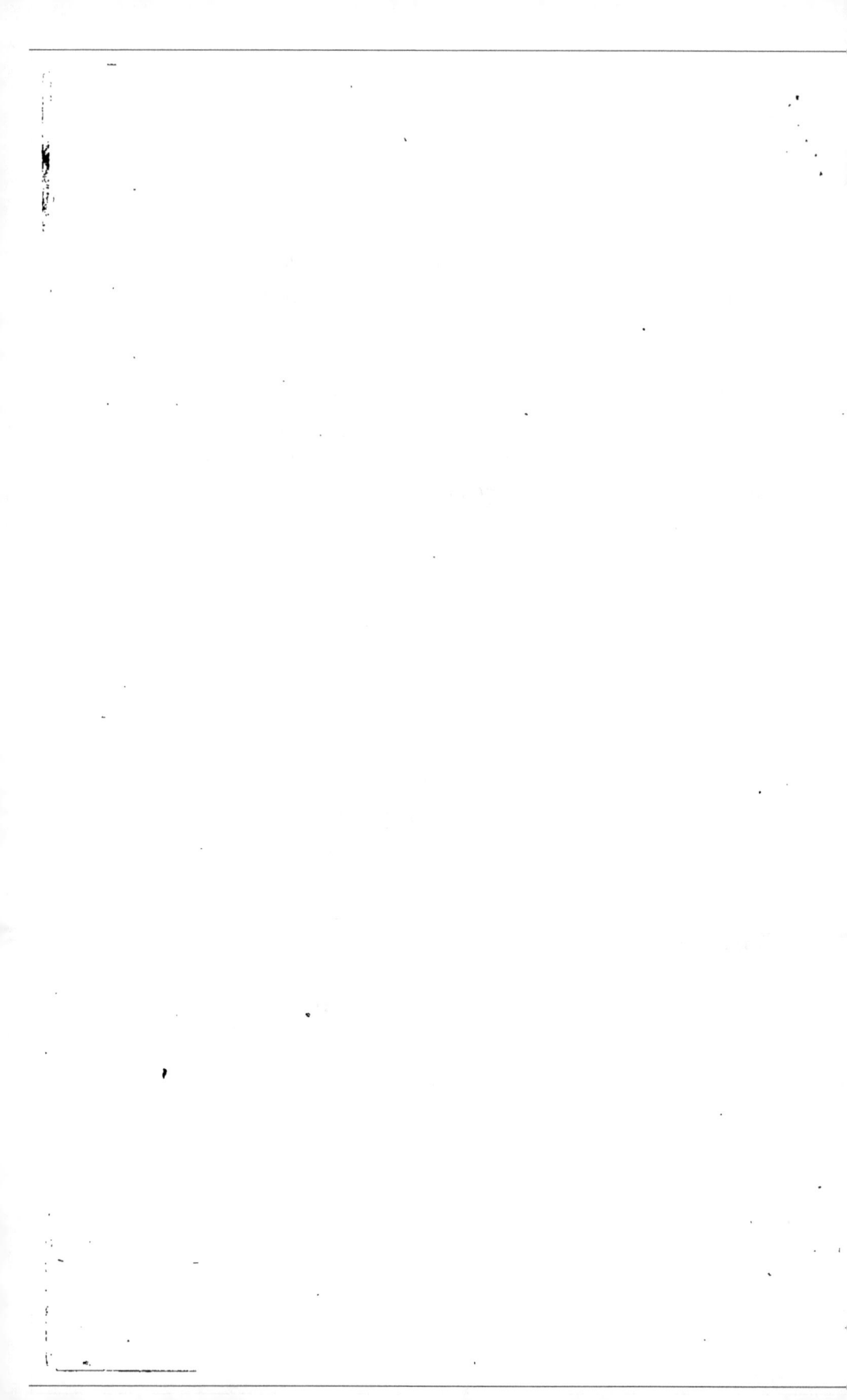

RÉSULTAT

EP

HISTOIRE DE MA PREMIÈRE SATIRE

1ʳᵉ SATIRE

Dédiée a un Enfant qui a perdu sa Mère

Une femme de moins, un orphelin de plus,
On voit cela souvent sans en chercher la cause ;
On chuchote tout bas sur celle qui n'est plus ;
Les femmes du pays se racontent la chose.

» Elle n'a pu survivre à ce lâche abandon,
» Un gredin la trompa, pourtant elle était mère
» D'un fort joli garçon. Que deviendra-t-il donc,
» Ce pauvre enfant chéri ? disait une commère.
» Comment ! ce sacripan, ce ventru, ce despote,
» Qui brasse des écus du matin jusqu'au soir,
» Qui prête avec usure et qui toujours tripote,
» Verra grandir l'enfant sans faire son devoir !
» Il n'a donc pas de cœur ! » — Ma bonne, taisez-vous,
Si l'on vous entendait il pourrait vous en cuire,

Laissez raconter ça par plus osé que vous :
Cet homme, s'il le veut, pourra toujours vous nuire :
Il fréquente beaucoup les gens qui sont pieux :
Il dispose du sort de grosses industries ;
Avec votre curé ce Monsieur est au mieux.
Laissez-moi parler seul, je crains peu leurs furies.
Je suis libre et je peux parler à haute voix.
J'ai connu comme vous celle qui fut victime.
Nous allons en causer ; je veux, pour cette fois,
Au juste châtiment associer la rime.

Je veux qu'en voyant l'homme on dise : Oh ! quel crétin,
Il a beaucoup d'écus, il rit, lève la tête ;
De ses fils délaissés que lui fait le destin !
Cet homme, c'est bien peu, car c'est moins qu'une bête.

La femme a succombé, c'était trop de douleur,
Elle aimait son enfant, l'amour la rendait forte ;
Mais cette abandonnée était frappée au cœur,
En meprisant un homme elle est aujourd'hui morte.

En y réfléchissant je me dis : c'est justice.
Mieux vaut partir trop tôt que souffrir ici-bas.
Sa trop courte existence était un long supplice.
Son ignoble bourreau ne la reverra pas.

Je l'ai connue, enfant, lorsque dans la prairie
Elle cueillait les fleurs, chassait les papillons.
Jouant avec sa sœur qui s'appelait Marie,
Caressant les grands bœufs qui creusaient les sillons.
En ce temps là, mordieu ! l'essaim de jeunes filles
Que j'avais sous les yeux était resplendissant,
Pères, mères, enfants, jouaient sous les charmilles,
On soupait, on chantait, on revenait dansant,
Chacun rentrant chez soi se disait : c'est dimanche,

Dans huit jours nous pourrons nous amuser encor :
Aujourd'hui j'ai gagné, à bientôt ta revanche,
Il nous faut travailler, le travail vaut de l'or.

Et de l'or il en faut ! sans cela comment vivre,
Les uns en ont beaucoup, les autres n'en ont pas :
Je voudrais bien savoir où se tient le grand livre
Des hommes nés égaux, inégaux ici-bas.

Le père était joyeux en regardant ses filles,
Grandir avec les soins que donnent les parents
Qui ne connaissent pas ce que les grandes villes
Offrent pour enlever, à de jeunes enfants,
L'amour du vrai, du beau, de notre bonne mère
La nature. Il disait : Elles travailleront,
Elles s'assureront un avenir prospère ;
Le travail leur plaira, bientôt elles verront
Du produit de leurs mains naître l'indépendance :
Leur mère comme moi pensait toujours ainsi.
Nos enfants ont grandi, le bonheur c'est l'aisance ;
De peu je suis content et mes enfants aussi.
Un état, c'est très-bien ; on l'apprend, il fait vivre,
Mais il faut du travail et des relations,
Toute femme n'a pas un journal, un grand livre.
Comme les tripoteurs d'argent et d'actions.
Elle n'a pas non plus de garçon de recette ;
Elle encaisse son gain, elle rend son travail,
Avec peine elle emplit sa petite cassette,
Elle tient dans ses mains aviron, gouvernail.

L'enfant en grandissant, apercevait l'aurore
Eclairant un destin pour elle tout nouveau :
Telle une jeune fleur qui soudain vient d'éclore
Donne son doux parfum avant le fruit nouveau.
Elle était femme enfin : un jour elle fut rendre

Son ouvrage achevé, c'était un jour fatal :
Il lui fallait aller chez un grec qui sait vendre
Ce que travail produit : il vend du capital.

C'est un de ces repus qui, nés dans l'abondance.
Savent très-lestement faire l'addition ;
Un de ces fats à qui leur peu d'intelligence
Permet de faire aussi de la soustraction.

De beaux sapeurs-pompiers il était capitaine,
C'était dans le bon temps de César le voleur :
Il avait un poignard dans une riche gaine,
Et rêvait chaque nuit d'avoir la croix d'honneur.

Cet illustre crétin comptait sur sa fortune
Pour dominer de haut tout homme qui produit :
Disciple de Mercure, il se croyait Neptume,
Et méprisait le pauvre ainsi que l'érudit.
C'était un gros banquier, respecté du commerce.
Avec ces simples mots : DOUTEUX, MAUVAIS ou BON,
Il usait d'un pouvoir qui, sitôt qu'on l'exerce,
Nous fait blancs comme neige ou noirs comme charbon.

Je reviendrai plus tard sur ce pouvoir occulte,
Dont se servent des gens hypocrites et faux,
Fervents adorateurs, grands exerceurs de culte,
Luxurieux paillards, pris souvent en défaut ;
Un jour je parlerai de ces coureurs de filles,
Assidus à la messe, au lutrin figurants,
Qui laissent à regret le café, les trois billes,
Pour manger le Bon-Dieu devant les ignorants.

Je reviens au sujet qui m'occupe et me peine :
Voici tantôt huit ans la jeune fille allait
Remettre son travail à ce nouveau Silène.

Elle avait la beauté, la fraîcheur ; elle était,
Pour ce monstre éhonté, sans charge de famille,
Un régal de satyre, ou bien de vieux garçon :
« Nous avons des écus, à nous fille gentille, »
Disent certains Midas, pourquoi tant de façons ?

Chez lui se présenta l'innocente ouvrière,
N'attendant d'un Monsieur aussi bien élevé
Qu'une approbation, et de droit son salaire,
Pour le travail rendu sans débat soulevé.

Mais en fut-il ainsi ? Qui donc viendra nous dire
Pourquoi la jeune fille à revenir souvent
Se montrait empressée. Il ne faut pas médire,
Mais j'ai pu remarquer, sans être fort savant,
Que ces assiduités, ces nombreuses visites
Amenèrent sous peu les résultats connus :
Les fréquents entretiens, les rencontres fortuites,
Les rendez-vous, le soir, que l'on a convenus.
L'union sans témoin bien souvent est fatale :
Nos lois n'obligent pas le père à épouser
La femme qui commet la faute capitale.
Aux yeux des gens dévots, l'homme peut tout oser.
Mais la femme est perdue, elle seule est victime,
Du doigt on se la montre, et pour un seul baiser,
Une ignorante enfant a commis un grand crime.
La solidarité ne se voit pas chez nous.
Que deviennent, hélas ! les lois patriarcales,
Garantissant le sort d'un seul comme de tous !
Je les trouve parfois à rares intervalles,
Chez les gens primitifs et non civilisés.
Les enfants du désert, l'Indienle, Peau-Rouge,
L'Arabe, l'Esquimeau, ne sont pas divisés.
Dans leurs droits, leurs devoirs, jusqu'ici rien ne bouge.

Chez eux l'homme naît, meurt, protégé, secouru.
Ils sont moins commerçants, partant moins hypocrites :
De miracles chez eux il n'en est point paru :
De leur religion ils observent les rites,
Sans se croire obligés de nuire à leurs voisins.
Ils veulent ignorer ce qui fait notre gloire :
Les somptueux palais et les beaux magasins.
Leurs temples ne sont pas baraques de la foire :
Ils n'avalent pas Dieu avant le déjeuner :
De la confession niant les bénéfices.
Le progrès peut chez eux lentement cheminer ;
Il ne rencontre pas ce qui fait nos délices.
Hommes, femmes, enfants, sont robustes et forts,
Le sein qui les porta peut les nourrir sans honte :
Le devoir accompli, par de nobles efforts.
Grandit à tous les yeux la femme qui surmonte
Et la peine et le mal pour payer son tribut
A la société, surtout à la nature.
Chez nous ce n'est pas ça, voici quel est le but :
De l'âme il faut sauver l'existence future,
Gagner beaucoup d'écus, tondre le travailleur,
Conter aux ignorants beaucoup de balivernes.
Leur promettre toujours un avenir meilleur.
Leur faire voir enfin des ballons pour lanternes :
Telle est, pauvre orphelin, notre société
Où le sort te jeta. Tu n'as pas le beau lot :
Tu n'auras pas toujours pain à satiété
Pendant que le voisin aura la poule au pot.
Mon enfant, c'est ainsi que l'a voulu ton père :
Ta mère le gênait, il vous laissa tous deux :
Il hérita du luxe et toi de la misère :
Lorsqu'il peut appauvrir, ton père et bien heureux.
Il écume de l'or, c'est là son seul mérite ;
Aussi le voyons-nous salué, flagorné,

Par tous ceux qui sont bas, vils, à mine hypocrite.
Par ceux dont le rayon visuel est borné.

Enfant, console-toi, tu ne connaîtras pas,
Au début du chemin, les vices du grand monde.
Si ta mère n'est plus pour assurer tes pas
Au milieu du cahos de la machine ronde,
Tu trouveras des cœurs prêts à te soutenir :
Ils développeront ta faible intelligence,
Avec l'instruction tu pourra devenir
Utile, et tu verras quelle est la différence
Entre un riche impudent et un homme d'esprit.
Ta génération fera de grandes œuvres,
Car d'un siècle nouveau l'aurore lui sourit :
Le siècle du travail sera fatal aux pieuvres.
Tu verras, mon enfant, s'unir les travailleurs,
Embrassant la science et riant de la fuite
De ceux qui sont repus de nos grains les meilleurs,
De l'usurier enfin, du pitre et du jésuite.

Tu vois qu'il ne faut pas te désoler beaucoup
Si l'auteur de tes jours ne veut pas te connaître ;
L'agneau peut vivre en paix loin de l'antre du loup :
Il sera tout pleuré s'il vient à disparaître.
Si devant son palais tu passes le front haut.
Regarde avec mépris ce luxe ridicule,
Etalé sottement par un ancien maraud
Ayant changé de nom. Pour lui s'est trop crapule
De porter de son père un vieux nom roturier ;
Il a voulu qu'un jour, de lui parla l'histoire,
Et fouillant tout au fond d'un boueux encrier,
Il a trouvé le nom d'une mare d'eau noire
Où jadis barbotaient le cochon, le canard,
Et tous les batraciens pendant la canicule.

Qui se serait douté que se peuple criard
Fournirait à l'intrus grand nom et particule ?

J'ai fait ces deux cents vers choisissant entre mille
Un être vil, abject, que l'on trouve partout,
Dans le plus petit bourg et dans la grande ville.
Enfant, ne cherche pas, plus tard tu seras tout.

Voiron. 21 mars 1873.

A. FAVRE.

Voici la raison pour laquelle j'ai fait cette Satire.

Le 3 août 1872 l'Assemblée vota le monopole de la fabrication des allumettes par l'État. Cette assemblée nommée le 8 février 1871 par la grâce de Dieu et la..... volonté nationale ; cette assemblée créait un monopole alors que les économistes de notre siècle se sont tous élevés contre les monopoles. Turgot réclama et obtient l'edit de 1776 sur les jurandes, cet edit inaugurait le régime de la liberté industrielle et commerciale ; un siècle plus tard, des hommes qui me font l'effet d'avoir dormi cent ans, se croient encore en l'an de grâce 1773 et se mettent à créer des monopoles (1).

(1) C'est maintenant un axiome répandu chez toutes les nations qu'un privilège esclusif est un monopole, véritable fléau du commerce, pernicieux pour ceux qui l'exploitent, et fatal à la morale publique.

Celui qui ne comprendrait pas l'immense avantage de laisser à l'industrie une allure parfaitement libre, repousserait à la fois les leçons du présent et celles du passé. La raison des peuples a résolu en partie cette grande question, trop longtemps controversée, et déjà l'emancipation du commerce est l'objet des plus sérieuses méditations des gouvernements. (G. DE VILLEPIN)

Le même auteur ajoute que tout monopole est une source de vénalité et de corruption, ce qui est depuis longtemps démonté et facile à prouver.

L'adjudication de la fabrication des allumettes, a été donnée à une Compagnie anonyme le 7 octobre 1872. Cette compagnie s'engage à payer 16 millions 300 mille francs par an à l'État, plus 50 pour cent sur le pour centage au-dessus d'une fabrication de 44 millards d'allumettes. Les engagements sont faits pour 20 ans, résiliables tous les 5 ans, si l'une des deux parties en fait la demande un an à l'avance.

Mais, me direz-vous, qu'a de commun le monopole des allumettes avec votre Satire? Permettez-moi de continuer et vous verrez que sans le monopole, j'eusse quand-même écrit ma Satire, mais il y a huit vers qui n'y auraient pas figurés. J'ai promis l'histoire de ma Satire, je veux l'écrire tout entière.

Je disais donc que le 7 octobre 1872 l'adjudication avait été donnée.

Le Gouvernement disait à plus de mille industriels français : Sous peu je vous prendrai vos usines, vos outils, je vous indemniserai et vous choisirez une autre industrie; celle-ci me plaît, je la prends et je la concède. Il y a deux ans que le Gouvernement a pris cette mesure, mais la prendre et l'exécuter sont deux choses. Pour exproprier les fabricants d'allumettes, il faut au moins débourser 40 millions. Chacun de nos ministères est bien un vaste récipient où s'engouffrent les millions français, mais lorsqu'il s'agit d'en rendre aux contribuables, c'est dur et il faut beaucoup de temps. Depuis deux ans la Compagnie Générale des allumettes n'a rien versé au Trésor parce que l'expropriation n'est pas faite complètement. Quand versera-t-elle, nous l'ignorons.

En somme, le Trésor perd 16 millions par an plus

l'intérêt du capital délivré pour les premières expropriations.

Que feront la plupart de ces industriels français que l'on chasse et qui fesaient travailler non seulement un nombre considérable d'ouvriers, mais d'industries. Ces gens là iront en Italie ou en Espagne porter leur savoir et leur fortune. Beaucoup de gens ignorent que l'exportation de l'allumette enlève 80 pour cent à la production des usines de Marseille : la France ne consomme donc que 20 pour cent de cette production. Cela étant donné, il est facile de comprendre que les industriels français, dont les marques sont connues et appréciées à l'étranger, iront sur une terre plus hospitalière y exercer librement leur industrie. Mais les fournisseurs de ces gens-là, et je suis de ce nombre, où iront-ils ? Voici donc toute une armée d'imprimeurs, de filateurs, de papetiers, de droguistes, etc., etc., qui iront offrir leurs services à la Compagnie du monopole, c'est ce que j'ai dû faire, puisque la simple mesure prise par nos *chers* gouvernants, le 3 août 1872, me supprimait un chiffre d'affaires de 300 mille francs.

De novembre 1872 à février 1873, j'eus l'espoir de fabriquer dans mon usine de Voiron la boîte ordinaire devant contenir l'allumette en bois destinée à être vendue un sou. Et j'étais au courant de ce travail de découpage, puisque, pendant la guerre, j'ai été le premier à fournir aux arsenaux les éléments de la cartouche chassepot. Il est vrai que mes prix étaient de 30 pour cent inférieurs à ceux du célèbre Godillot, et que mes éléments étaient en tout conformes soit pour les qualités de carton et de papier, soit pour la forme aux modèles règlementaires. Il est vrai, en outre, que lorsque je me rendis à Tours pour offrir mes services, le 9 novembre 1871, muni d'une lettre de recommandation du colonel Masclet, directeur de l'arsenal de Grenoble, lequel signalait le service que j'avais rendu, il me fut répondu, par M. le colonel Thoumas, que l'on venait de céder cette fabrication à M. Laroche-Joubert, d'Angoulême, ex-député de l'empire, qui, payé par l'État, envoyait deux mois après des éléments *sans demande* aux arsenaux même les plus éloignés de son rayon. S'il a fait payer ces éléments le prix de l'inventaire, c'est-à-dire le prix que les fait payer Godillot, la guerre a dû lui être salutaire comme à tant d'autres. Un vieux proverbe dit : « Il n'y a que les honteux qui perdent. » Ce proverbe est vrai trop souvent, et pendant ces trois années malheureuses les bonapartistes nous ont prouvé que s'ils avaient du toupet, cela leur a servi : *Audaces fortuna juvat.*

Il est à supposer qu'après la guerre, l'illustre Godillot a repris ses fournitures aux anciens prix ; beaucoup de gens y trouvent leur compte, et tout est pour le mieux dans le pays des monopoles.

J'avais donc l'espoir de découper pour la Compagnie des allumettes ; j'étais bien appuyé, j'avais même des commanditaires. Un jour, c'était en mars 1873, appelé à Paris par dépêche, j'apprends, par l'un de mes protecteurs, que la Compagnie ayant pris des renseignements sur moi à Marseille, Lyon et Voiron, en avait reçu de très-bons émanant des deux premières villes, mais que ceux venant de Voiron, ma résidence, laissaient beaucoup à désirer. « Vous y avez des ennemis implacables, me dit-il. On dit que vous êtes de mauvaise foi et sans moralité. Heureusement nous vous connaissons à Marseille depuis assez longtemps pour savoir quelle créance on peut accorder à ces renseignements, mais à Paris la Compagnie ne vous connaît pas et l'affaire devient difficile. Enfin, ajouta-t-il, ces renseignements ont fait examiner d'autres offres qui arrivent en abondance et si vous ne passez pas ce marché de découpage, nous vous laisserons d'autres fournitures qui compenseront ce que vous perdez là. » Je compris que j'allais être réduit à vendre du papier comme ci-devant, et que mon usine ne serait pas occupée. Les ouvriers qui avaient travaillé pour moi autrefois comptaient beaucoup sur cette exploitation et, comme j'ai gardé leurs sympathies, ils étaient venus se faire inscrire pour travailler à cette nouvelle industrie. Leur espoir, comme le mien, fut déçu. Un simple renseignement de banque non signé, un de ces traits lâchement lancés dans l'ombre et par derrière, avait tout anéanti. J'étais EXÉCUTÉ, comme l'on dit commercialement. Je me promis bien de ne pas laisser ignorer ces procédés dont les plus honnêtes commerçants peuvent être victimes. En fouillant dans mon passé, dans ma vie publique et privée, j'étais rassuré; celui ou ceux qui avaient écrit de la sorte assouvissaient leur haine par la seule raison que je suis philanthrope, républicain et athée, cela leur déplait. Je n'ai pas dépensé tout mon temps à gagner de l'argent, j'ai eu l'audace de penser et d'écrire; j'ai dit, avec P.-L. Courrier : Parler est bien; écrire est mieux; imprimer est excellente chose; je dois être châtié, honni, conspué. J'ai vu d'assez près les hommes d'argent, les tripoteurs, pour connaître le degré de moralité du plus grand nombre. A Paris, j'étais au centre de ce foyer de corruption et les sujets d'étude ne me manquaient pas. Là, comme ailleurs, là, mieux qu'ailleurs, je pouvais m'assurer « qu'on a de tout avec de l'argent, hormis des mœurs et des citoyens. » Cette grande vérité, écrite par Rousseau, vient de nous être durement démontrée, et ce qui prouve que nous sommes bien gangrenés, c'est que malgré la rude leçon qui nous a été donnée, le mal persiste ainsi que notre décadence ; le remède était insuffisant. Il est assez curieux de voir que chez un peuple où l'on trouve, au fond du plus grand nombre de consciences, plus d'hypocrisie que de foi, il est assez curieux, dis-je, que ce soient les mêmes fautes qui ont précipité l'empire romain qui nous précipitent dans l'abîme. Montesquieu démontra avec évidence que l'empire romain dût, en grande partie, sa force à la tolérence exercée envers tous les cultes, et sa faiblesse aux persécutions exigées par l'orthodoxie chrétienne. Chez nous, on fait absolument comme sous Justinien ; on oblige les sectes à se révolter afin de les éliminer, de les faire disparaître. On s'appercevra un peu tard qu'au lieu d'avoir augmenté le nombre des fidèles, on aura simplement diminué celui des hommes.

Je flânais dans ce grand Paris, lorsque traversant une rue latérale au faubourg Montmartre, je vis un attroupement de femmes, je m'approchai et j'entendis déclamer les épithètes les plus injurieuses contre un individu qui, paraît-il, avait été connu dans la maison par ses assiduités. Les braves femmes se lamentaient sur le sort d'un petit enfant qui venait de perdre sa mère, lâchement abandonnée par le *monsieur* qui l'avait trompée. En un instant j'appris que ce personnage appartenait au monde interlope, qu'il avait pour religion et pour patrie la bourse ; qu'avec cela il était bigot et hypocrite, allant régulièrement à la messe et quétant au besoin pour le denier de St-Pierre ou pour les âmes du purgatoire.

La jeune femme qui venait de mourir était brodeuse, elle avait depuis plusieurs années fait connaissance de ce cuistre en allant rendre du travail que lui avait apporté l'ancienne maîtresse qui avait fait chez lui election de domicile. Le Midas trouva la petite brodeuse à son goût, l'honora de ses visites, la séduisit, la rendit mère et l'abandonna. C'est une histoire qui se repète chaque jour dans notre société civilisée; en m'apprenant cela les bonnes femmes ne m'apprenaient rien de nouveau. Mais mon indignation atteignit le diapason de la leur, je demandai à voir l'enfant. On me conduisit au quatrième étage et là, dans une seule pièce, ayant pour tout mobilier une table, deux chaises, un petit poële à bois et un lit, je vis un petit enfant de 5 a 6 ans qui s'efforçait, en appelant sa mère, de lui offrir du gâteau que la charité publique venait de lui donner. Ce spectacle était navrant, une bonne femme était assise là et pleurait. Elle me dit : Je ne sais comment faire comprendre à cet enfant que sa mère n'existe plus, il pleure à fendre l'âme lorsque nous voulons l'en éloigner et aussitôt près d'elle il veut lui parler et qu'elle lui réponde. hélas ! c'est impossible. Voici ce que me raconta ce brave cœur :

La pauvre brodeuse était morte de chagrin et aussi de misère; son travail suffisait à peine pour deux crétu-

res. Il avait fallu traverser l'hiver de 1870 - 71, l'insen-
sible amant avait courageusement disparu avant
l'investissement de la capitale. Il était allé à l'étranger
mettre en sureté sa précieuse personne, sans s'inquiéter
de ceux qui restaient ; en cela il suivit l'exemple d'une
masse de citoyens qui ne comprennent pas qu'on s'occupe d'économie politique ou sociale ; les audacieux qui
se permettent de parler de patriotisme ou d'humanité,
troublent la digestion de ces braves et *honnêtes gens*.
Qu'on en finisse une fois pour toutes avec cette canaille !
disent-il. « Quand donc aurons nous un gouvernement
fort qui mette cette vile multitude à la raison ? » Ça
viendra, espérons-le ; il est question de mettre un
soldat derrière chaque travailleur et un prêtre dans
chaque ménage, ajoutez à cela de bons juges, supprimez
le jury qui existe si peu, et l'ordre moral sera parfait
Nous aurons alors une organisation que nous enviera
l'Europe, il y a déjà tant de choses qu'elle nous envie
que sous peu, je l'espère, nous serons cités comme
exemple au monde tout entier.

Pendant que se noble chevalier se prelassait à l'étranger, la malheureuse femme faisait queue à la porte des
boucheries et des boulangeries pour obtenir, *quelques
fois*, (grâce à la déplorable organisation dûe à M. Jules
Ferry) la ration de pain et de viande qui devait l'empêcher de mourir de faim elle et son enfant. C'est pendant
ces longues heures d'attente, les pieds dans la neige
ou dans la boue glacée qu'elle a pris le mal dont elle
est délivrée à cette heure. La guerre finie, son vaillant
champion revint prendre sa place habituelle à la petite
bourse du boulevard ; mais, craignant sans doute de

justes reproches, un restant de pudeur le fit s'asbtenir de revoir celle qu'il avait laissée dans la misère

Pendant que j'écoutais ce triste recit assis sur la seule chaise qui restat libre, l'enfant était venu jouer dans mes jambes et me prenait les mains ; je considerai un instant cette petite tête blonde, je me demandais où le hazard conduirait cet homme de l'avenir. Quel serait son rôle dans la société ; pourrait-il avoir lui aussi de l'admiration pour notre organisation sociale ; qui l'élèverait? qui l'instruirait? Je posai tout haut ces deux dernières questions et les excellentes femmes qui étaient présentes me rassurèrent. Leurs vêtements annonçaient des femmes d'ouvriers, mais elles avaient pris la résolution d'adopter l'enfant de l'envoyer à l'école et de lui faire apprendre un état. C'était pour satisfaire aux exigences de la cérémonie funèbre qu'elles quêtaient chez les voisins. Je donnai mon obole en recommandant bien qu'elle soit affectée à l'enfant et non au prêtre qui viendrait agrémenter de son chant le convoi de cette malheureuse mère et je partis.

Une foule de pensées se heurtaient dans mon cerveau, je pensais à mes enfants, à la peine que j'avais eu pour obtenir qu'ils eussent une petite instruction bien modeste, je pensais que j'avais parcouru plus de la moitié de ma carrière et je pris la résolution d'employer le peu qui me reste à obtenir pour les générations qui viennent ce qui nous a été refusé : l'enseignement à tous les degrés librement répandu et gratuitement ; cela seul empêche ceux qui s'en vont d'exploiter ceux qui viennent.

Il est facile d'observer chez nous qu'une génération

exploite l'autre et que celui qui vient doit malheureusement se méfier de son ainé, s'il ne le fait il apprend
chèrement à ses dépens ce que coûte chez nous trop de
confiance. Il est temps que cet état de choses soit modifié.

Je cheminais machinalement lorsque je me trouvai
sur le boulevard Montmartre ; mon hôtel étant rue
Taibout, je suivis les boulevards Montmartre et des
Italiens. Là je vis ce flot de voitures ; c'était l'heure de
la promenade, quatre heures de l'après-midi. Un luxe
éblouissant, des toilettes replendisantes s'étalaient dans
les équipages nombreux qui sillonnaient les boulevards.
Ce constraste me frappa vivement, j'avais encore en tête
l'image du malheureux enfant voulant faire parler le
cadavre de sa mère. Je me figurais voir dans chaque
figure rieuse, etalée au fond d'une calèche, une femme
appelée à finir aussi misérablement que celle que je
quittais. Dans ce cahos, au milieu de tout ce bruit, je
ne voyais que deux choses, je n'entendais bourdonner
à mes oreilles que ces deux mots: *Luxe* et *misère*. L'un
est donc la conséquence de l'autre ; c'est triste à dire
mais c'est vrai.

Je rentrai chez moi bien décidé à peindre le tableau
qui m'avait frappé. Les évènements de la journée pas-
sèrent en foule dans ma mémoire, et je jetai sur le
papier environ trente ou quarante vers incohérents et
sans suite, mais ayant pour moi l'avantage de reproduire fidèlement ce que j'avais ressenti.

En rappelant mes souvenirs, je trouvai qu'une jeune
fille que j'avais connu enfant, dans une modeste petite
ville, avait été trompée de la même manière que celle
qui venait de mourir ; je me rappelai sa famille honnête

et laborieuse, ses sœurs qui devinrent des mères bonnes
et tendres pour leurs enfants.

Je me souvins du désespoir du vieux père, lorsqu'il
apprit le malheur qui avait frappé sa fille. Enfin, je
réunis mes deux sujets en un seul et je me promis de
fustiger vertement les chenapans sans vergogne qui
brisent l'avenir d'une femme et jettent sans pitié une
famille dans le chagrin, sans compter le fruit de leur
libertinage qui reste en charge à ces braves gens, comme
un témoin vivant du deshonneur et de la perte de leur
enfant; car, je dois le dire, la jeune fille que j'avais
connue mourut de chagrin ne pouvant supporter d'être
aussi lâchement abandonnée. Ma première *Satire* est
datée du jour de sa mort.

Le lendemain de cette triste journée, je quittai Paris
et je vins jusqu'à Lyon avec l'un des employésâ la
Compagnie des allumettes, je lui fis part de mes
impressions de la veille et lui lus les quelques vers que
j'avais écrit; il me fit promettre de lui donner ma *Satire*
lorsqu'elle serait terminée. Je l'ai achevée à bâtons rom-
pus, étant tantôt à Marseille, tantôt à Lyon, tantôt à
Voiron.

Je l'avais mise en vente à Lyon, Grenoble et Chambéry, lorsque quelques amis me conseillèrent de la
mettre en vente à Voiron. Ce fut le 4 juillet 1873 que je
la mis chez Mlles Maire, qui tiennent un bureau de tabac
et vendent des journaux à côté de la poste aux lettres
de Voiron. J'en avais également mis chez le libraire
Robert qui me les rendit la même journée, me disant
que plusieurs personnes reconnaissaient quelqu'un
dans cette satire, qu'il avait été employé chez ce

quelqu'un et qu'il ne voulait pas lui faire de la peine.

Le jour de l'audience, l'avocat de M. Daiguenoire lut une lettre que ce dernier avait fait écrire à Robert, libraire, autrefois employé du sieur Monnet Daiguenoire ; dans cette lettre l'ancien serviteur déclarait qu'il n'avait pas voulu vendre ma satire parce que le sieur Monnet Daiguenoire y était clairement désigné. Cette lettre fut d'un certain poids dans la balance de Thémis et con-- tribua à me faire condamner. Ce qu'il y a de remarquable c'est qu'à l'époque même où le sieur Eugène Robert écrivait cette lettre, une orpheline de 16 ans, employée chez un commerçant ; veuf depuis peu, et soi-disant inconsolable. Cet inconsolable veuf quelque temps après rendait l'orpheline à sa mère et à ses frères seulement la jeune fille avait été trompée par le veuf inconsolable et à peu près à l'époque où cette nouvelle victime devenait mère le négociant se remariait avec une personne qui, parait-il, lui convenait mieux. M. Robert, libraire ignorait ce fait moins que tout autre, il paraît que ma satire lui a déplu précisément parce qu'elle fustigeait plusieurs vices malheureusement trop communs et trop répandus dans ce bons pays de Voiron, qui a été si longtemps inféodé au jésuite et au financier, deux puissances qui soutiennent l'Etat, comme la corde soutient le pendu. A propos de pendu, j'avais oublié et j'allais oublier encore qu'il est quelquefois imprudent de parler de corde. C'est le cas de dire à M. Rober, que Phèdre le fabuliste avait mis en tête d'un volume de ses fables les paroles qui suivent et que je l'engage à méditer :

Quiconque en mes portraits se sera reconnu
Mettra sa conscience et sa sottise à nu.

C'est ici que commence la véritable comédie que fit jouer cette *Satire*; si elle me coûte 15 jours de prison et 500 francs d'amende, j'avoue que, mes amis et moi, nous avons bien ri pour ce prix.

Il était environ 11 heures lorsque je mis ma *Satire* en vente. Sur les 4 heures de l'après-midi, nous vîmes un mouvement inaccoutumé; tous les gros bonnets, tous les pèlerins pèlerinant, tous les amateurs de Lourdes, de l'Osier, de Paray-le-Monial et de la Salette se concertaient, allaient, venaient, se trémoussaient; décidément il y avait du nouveau et je ne pouvais pas croire que ce fut ma petite *Satire* qui causât tout ce mouvement.

Le lendemain matin, à 6 heures, j'entrai au bureau de tabac et je vis que mes *Satires* avaient disparu ainsi que l'écriteau qui les annonçait, j'en demandais le motif, il me fut répondu que ces MESSIEURS du *Cercle du Commerce* étaient venus dire de ne pas vendre cet écrit diffamatoire et qu'entre autres, M. Hector Denantes avait fait une *scène* à ce sujet, disant que la vente de cet écrit causerait un grand préjudice au bureau de tabac, qu'après tout ce tapage on avait retiré la *Satire* de la montre mais que l'on continuait de la vendre en cachette à ceux qui la demandaient. J'appris, en outre, dans la même journée, que le sieur Hector Denantes, grand propriétaire foncier, ex-avocat, aujourd'hui directeur de pèlerinages, avait dit au bureau de tabac que cet écrit était l'œuvre d'une *canaille* insultant un honnête homme. Dès ce moment, je me promis de demander à ce Monsieur une petite explication. En attendant je

me demandais pourquoi cet écrit avait ému si fortement
ce docte pèlerin, je ne tardais pas à en trouver la raison.
Dans la dernière page de ma *Satire,* je tourne en ridicule les gens qui changent de nom; or, il se dit dans
le pays que MM. Denantes ne se sont pas toujours
appelé Denantes. On dit, et je le répète, que
MM. Denantes arrivèrent de Nantes (Loire-Inférieure)
à Voiron, s'appelant Cheval ou Cucheval, qu'ils ont fait
leur fortune à Voiron, qu'on les a toujours désigné sous
le nom de leur ville natale, nom qu'ils ont fini par
adopter. Ce qui donnerait quelque crédit à cette légende
c'est le certificat donné à M. Brun Perol en 1812, dont
la copie figure encore aujourd'hui sur les bouteilles de
China. Ce certificat est signé du maire qui était alors
un Denantes; il est bon de remarquer que la signature
porte la particule *de* Nantes. Au reste, que cette légende
soit vraie ou fausse, que ces Messieurs s'appellent
Cheval, Denantes ou de Nantes, lorsqu'un nom reste
honorable on n'a pas besoin de se mettre si fort en
colère contre ceux qui rient des gens dont le premier
nom n'est pas de leur goût.

Sans doute le sieur Hector Denantes a la prétention
de descendre des croisés et peut être, fouillant l'art
heraldique, cherchait--il à se confectionner un petit
blason; si j'ai dérangé ses projets j'en suis désolé. Pour
moi comme pour bien d'autres le seul titre de noblesse
consiste dans le mérite personnel et tout ces Georges
Dandin me font bien rire. A Voiron cela devenait la
mode d'ajouter à son nom quelque chose: l'un prenait
le nom de son parc, l'autre ayant des fenêtres donnant

sur la première cour essayait de se faire appeler d'Avant cour, un autre essayait d'ajouter à son nom trop court celui de *du grand chemin*. Il y a vingt ans un observateur se serait tordu les côtes d'un fou rire en voyant ces personnages ridicules se prendre au serieux et former entre eux une espèce de cour qui n'était, à mes yeux, ni celle d'avant ni celle d'arrière mais bien la plus basse-cour qu'on puisse imaginer. Un seul homme sur qui ce pauvre vernis n'ait pas déteint, quoi qu'il fréquentât constamment cet aréopage cocasse; un seul homme était resté modeste, simple, c'était précisement celui qui pouvait mettre la particule devant son nom, et ne la mettait pas. Il avait de l'esprit, il en a encore et je desire que pour exemple rare il vive longtemps.

Nous étions au 5 juillet, il était 4 heures du soir et je m'apprêtais à rentrer chez moi lorsque j'eus l'idée d'entrer au café Martin qui se trouve à côté de la poste, pour jeter un coup d'œil sur le journal. J'étais assis depuis un instant, lisant avec toute l'attention qu'ils méritent les exploits de nos gouvernants, lorsqu'entra un voyageur de ma connaissance, le nommé Babot, de Lyon, qui se trouvant attablé dehors avec plusieurs consommateurs m'avait vu entrer et venait m'inviter à boire la bière avec eux. J'acceptai cette proposition et c'est au moment où je me dirigai vers la porte pour rejoindre ces Messieurs, que j'apperçus le sieur Hector Denantes qui passait sur le trottoir la pipe aux dents et le parapluie sous le bras. Je m'appochai de lui et lui dit: Où avez vous, Monsieur, puisé le pouvoir d'empêcher un libraire de vendre mes écrits ? — Je ne m'occupe pas de vous me dit-il. — Beaucoup trop lui repondis-je. Allez com-

mander vos cochons, vous n'êtes pas ici dans un pays con-
quis ; ne vous occupez pas plus de moi que je ne
m'occupe de vous, je vous méprise comme la boue de
mes souliers. — Sur cette parole il me leva la main
dessus, je repoussai son bras et croyant qu'il voulait
une scène de pugilat je jettai à terre la canne que j'avais
à la main, c'est pendant ce temps que je reçus un coup
de parapluie au travers de la face droite lequel m'entama
l'oreille; l'agresseur sentant bien qu'il n'avait pas de
temps à perdre et que j'aillai riposter me porta un deuxième coup de parapluie que je parai avec le bras gauche,
et, au même instant, j'appliquai à ce monsieur un vigou-
reux coup de poing entre les deux yeux. De ce coup il
tomba, frappant de sa partie la plus charnue et la moins
noble les escaliers de la poste. Sa pipe fut d'un côté, le
parapluie d'un autre. A ce moment M. Novel, directeur
de la poste et son employé vinrent ramasser ce héros
malheureux. Une fois debout il revint vers moi la face
pâle et les poings serrés, mais me voyant bien disposé
à le recevoir il s'arrêta sur la porte du bureau de tabac,
c'est là que je lui dis: vous et les vôtres vous vous valez,
je vous attendrai où vous voudrez, quand vous voudrez
et à l'arme qui vous plaira. Sur ce je rentrai au café me
laver l'oreille, et connaissant la manière de faire de ces
jésuites de robe courte, je dis aux personnes qui,
buvaient. Vous avez vu, Messieurs, qu'en cette affaire je
n'ai fait que me défendre, vous verrez si demain je ne
suis pas accusé d'avoir attaqué et battu; ces gens-là
n'ont pas d'autre courage, permettez-moi de rédiger un
procès-verbal que vous signerez. Tous approuvèrent.
Je rentrai au café et au moment où je redigeais ce procès-

verbal le sieur Paul Ferrier vint me dire tout bas : permettez-moi de ne pas signer ce procès-verbal, je fais beaucoup d'affaires avec les Denantes et cela pourrait me nuire, mais si vous avez besoin de moi comme témoin, faites moi citer je vous promets de dire ce que nous avons tous vu, c'est-à-dire que vous avez été frappé le premier à diverses reprises. — Nous verrons plus tard que M. Ferrier, qui, paraît-il, s'appelle Dupont Ferrier, avait un autre rôle à jouer dans cette affaire ; j'en ai été peu surpris je l'avoue. Les témoins de cette scène étaient MM. Babot voyageur de Lyon, Barnier marbier à Grenoble, Tournaud, ouvrier marbier à Grenoble, B. Buission, peintre-plâtrier, à Voiron et Paul Ferrier, camionneur à Voiron, Tous signèrent le procès-verbal très-court déclarant que j'avais été frappé le premier ; tous excepté M. Paul Ferrier qui s'était esquivé.

A peine achevions-nous de signer, qu'entrait un agent de police me priant de me rendre au bureau de M. le Commissaire qui se trouve sur la place, dans l'ancien poste de l'octroi. Je m'y rendis. Là je trouvai M. le Commissaire qui me dit : Vous avez frappé M. Denantes, comment cela s'est il passé ? Je repondis que je m'étais trouvé dans un cas de légitime défense, que M. Denantes ayant été empêcher la vente de mes écrits je lui en avais demandé la raison et lui avais dit de ne pas s'occuper de moi que je le méprisais comme la boue de mes souliers.— Il m'a dit d'aller garder mes cochons ! glapit une voix qui partait d'un des coins de la chambre. — Je me retourne et je vois le sieur Denantes assis dans un coin. Comment ! c'est vous qui êtes là, lui dis-je ; vous essayez

de battre, vous êtes battu et vous venez vous plaindre ?
c'est le fait d'un lâche.

Avez-vous des témoins me demanda le commissaire?
Certainement j'en ai, il y a mieux : voici un procès-
verbal signé d'eux si vous voulez les questionner vous-
même ils sont encore à deux pas d'ici. — Je n'ai pas à
me déranger, dit l'omnipotent commissaire.— Allez les
chercher. J'allai prier ces Messieurs de venir déposer,
ce qu'ils firent tous de très-bonne grâce, même ceux
qui me connaissaient pour la première fois. Pendant
l'interrogatoire je ne pouvais pas m'empêcher de rire.
L'intelligent commissaire voulait absolument que des
gens assis devant une table, sur un trottoir, ne pussent
voir ce qui se passait sur ce même trottoir à deux
mètres de la place qu'ils occupaient. — De quel côté
étiez-vous tourné demandait-il au témoin Tournaud.
— Je faisais face au nord, répondait le témoin. — La
scène se passait au midi ; or, vous n'avez pas pu voir.—
Mais, Monsieur, je n'avais qu'à tourner la tête pour
voir et c'est ce que j'ai fait. Enfin, lorsque notre *administrateur* eut terminé ses interrogatoires, il dressa son
procès-verbal, le lut, et ne tint pas compte de celui que
j'avais disposé; il en tint si peu compte que je fus obligé
de le lui faire réclamer par M. Faure, juge d'instruction, afin qu'il figurât au dossier. J'ai oublié de
mentionner que notre commissaire de police Orbann
n'est pas un homme ordinaire, c'est lui qui a encloué
les canons de la place *Petite-Pierre* en Alsace ; ce
n'est pas le sergent Bœltz, comme l'a cru M. Thiers
qui a décoré ce-dernier, ce n'est pas au sergent
Bœltz que revenait le sabre d'honneur décerné par les

3

habitants de Petite-Pierre, c'était au sieur Victor Orbann.

Je n'invente pas ces choses-là et je suis désolé de démasquer la modestie de ce héros inconnu. Ceux qui voudront se convaincre de ce que j'avance, n'auront qu'à lire le n° 52 du *Libéral Dauphinois*, c'est à cet organe précieux que le sieur Orbann confiait le récit de ses exploits et il est bien temps enfin de rendre justice à tant de valeur méconnue. Les 43 abonnés de feu le *Libéral Dauphinois* n'ont pu obtenir la récompense dûe à ce mérite modeste, peut-être serai-je plus heureux.

Vers le 20 juillet, me trouvant à Marseille je reçus deux assignations : l'une a comparaître devant M. le juge d'instruction, l'autre m'était envoyée par M. Jules Monnet-Daiguenoire, banquier à Voiron, pour comparaître le jeudi 24 août devant le Tribunal correctionnel de Grenoble, afin de m'entendre condamner pour délit de diffamation et d'injures envers le sieur Monnet Daiguenoire, à *vingt mille francs* de dommages et intérêts, dont il se réservait de faire usage en œuvres de charité dans la ville de Voiron.

Que pouvait me vouloir le sieur Jules Monnet-Daiguenoire de Voiron ? Qu'avais-je de commun avec ce personnage ? Quels avaient été mes rapports avec lui ? je me creusais la tête pour déchiffrer cette énigme et voici tout ce que je trouvai : Qu'il y avait huit ans que je n'avais pas adressé la parole à M. Monnet-Daiguenoire; que depuis cette époque je n'avais eu aucun rapport d'affaire, soit directement soit indirectement avec lui.

J'avais, pendant et après la guerre, assisté a deux réunions desquelles il fesait partie. La première fois c'était en août 1870, dans une réunion d'officiers de la garde nationale, avant le décret de mobilisation. Quelques officiers patriotes voulaient former des compagnies de marche armées et équipées par la Commune et marchant de suite à l'ennemi. La proposition fut faite par M. Ravier au conseil d'officiers, présidé par un membre de la Commission administrative. Plusieurs officiers se firent inscrire immédiatement, je me souviens que les trois premiers furent Ravier, Guélin Alexandre et A. Favre, l'exemple étant donné par des hommes mariés, les célibataires avaient mauvaise grâce en s'abstenant, M. Monnet-Daiguenoire crut devoir, avec l'éloquence qui le caractérise, faire la petite motion qui suit :

« Messieurs, former des compagnies de marche et aller à l'ennemi c'est très-bien, mais il y a un moyen qui a été employé avec succès lors de la guerre d'Amérique. Les Américains payaient des mercenaires et en trouvaient plus qu'ils ne voulaient pour se battre; il me semble qu'en France avec 5 fr. par jour on en trouverait des hommes...» l'orateur n'acheva pas; l'accueil fait à sa proposition commençait à se manifester bruyamment. Nous aurions bien ri si le moment n'eût pas été aussi profondément triste. Enfin, le capitaine Monnet-Daiguenoire se fit inscrire 11°. Quelques jours après le décret de Gambetta vint le soulager d'un grand poids et il donna sa démission d'officier. C'est le cas de corner aux longues oreilles de ce monsieur le mot de Rousseau : « avec de l'argent on trouve de tout hormis des mœurs et des citoyens. »

La deuxième fois que je me trouvai dans une assemblée ou figurait ce monsieur, c'est lorsque le Conseil municipal fit appel aux citoyens pour savoir ce que l'on ferait de l'argent qui avait été donné pour acheter des mitrailleuses. Je me rappelle que je proposai de donner cet argent pour la libération du territoire, ajoutant que puisqu'il ne nous avait été possible d'en terminer qu'avec de l'argent, il était logique de payer l'ennemi avec l'argent destiné à acheter des armes dont la plupart du temps on n'avait pas voulu se servir. M. Monnet-Daiguenoire proposa d'affecter ces deux ou trois mille francs à l'achat d'une horloge; cet avis fut adopté par la majorité. La somme étant d'une insuffisance notoire les Voironais se contentent de l'horloge des pénitents, en attendant que le monument *si cher* à Monnet (l'Eglise nouvelle), encore *plus cher* à ses concitoyens soit orné d'une horloge.

Voilà donc les deux seules fois qu'il m'a été donné de voir M. Daiguenoire-Monnet de près. — J'avoue que si je le savais capable de m'inspirer 200 vers je le regarderais souvent, mais de loin, attendu que les mouches elles-mêmes ne folâtrent autour de lui qu'à distance respectueuse et pour cause.

J'en pris mon parti, je me dis : ce monsieur éprouve le besoin de faire des œuvres philantropiques, il se sera reconnu dans ma Satire parce que j'ai parlé d'un pompier, mais il y a beaucoup de capitaine de pompiers, enfin attendons le jour de la justice et inclinons-nous d'avance devant ses arrêts; j'envoyai l'assignation à maître Guillot, avocat, qui me répondit : je serai prêt.— Pauvre ami, il comptait sans la mort de son enfant.

Les premiers jours d'août je reçus un mandat de comparution de M. Faure, Juge d'instruction à Grenoble. Il s'agissait de l'affaire Denantes. Je n'avais jamais comparu devant un juge d'instruction, j'avoue que celui-ci fut très-poli, me donna communication des dossiers qui m'intéressaient, mais lorsqu'il me parla de la Satire, je fus obligé de lui dire que je faisais de l'affaire Jules Monnet et de l'affaire Denantes deux affaires, attendu que pour l'affaire Jules Monnet, j'avais déjà reçu une assignation.

D'après mon faible entendement j'ai cru comprendre que le ministère public qui allait me poursuivre pour l'affaire Denantes, tenait essentiellement à lier ces deux affaires; cela va vous être démontré par le rapprochement des deux audiences.

On me lut la déposition de M. le Commissaire de police. J'entendis entr'autres choses un récit qui prouve que ce monsieur, qui a cependant l'habitude de tendre l'oreille, ne l'a pas toujours juste. Il racontait qu'étant au café Martin le soir de l'incident il m'entendit dire à plusieurs de mes amis, qu'il ne connaissait pas, que j'avais attendu M. Denantes pour lui demander une explication, et que je l'aurais attendu plus longtemps si l'occasion ne s'était pas présentée.

Ce monsieur voulait simplement atténuer l'attaque de M. Denantes et faire figurer ma sortie comme un guet-à-pens, ô honnête homme! «Il ne connaissait pas ceux qui étaient avec moi !» c'étaient MM. Gustave Jacquemet et Auguste Humbert, conseiller municipal. Notre table étant voisine de la sienne je lui ai parlé et connaissant le peu de sympathie que je lui inspirais — et que je lui rends bien— je lui dis : Ce n'est pas à vous M. le Commissaire à qui j'eusse dit impunément ce que j'ai dit à M. Denantes, je vous aurais trouvé sur un autre terrain, car vous êtes un homme courageux. Il est vraiment malheureux que tout le monde ne sache pas que c'est vous qui avez encloué les canons de *Petite-Pierre,* mais que voulez-vous? Le *Libéral Dauphinois* était si peu répandu.

Il est facile de concevoir que l'homme qui, après un acte d'héroïsme aussi remarquable en est réduit à écouter les conversations dans les cafés, n'était pas content de ma façon de plaisanter et espérait bien de me le faire payer cher ; sa déposition en était la preuve. Je remarquai en outre qu'il avait omis d'envoyer le procès-verbal signé des témoins présents lors de l'incident ; ce petit moyen permettait d'éluder MM. Barnier et Tournaud de Grenoble, ainsi que M. Bibot de Lyon. Je fis réclamer ce procès-verbal.

On me lut la déposition du sieur Denantes. L'illustre pèlerin disait qu'en lisant cet écrit chez le libraire il avait dit : ne vendez pas cette ordure, il y a là un honnête homme diffamé par une *canaille,* le mot y est. Ensuite il mouvementait la scène de pugilat de façon à me rendre agresseur et finissait par dire que je l'avais traité de lâche après l'incident. C'est vrai, et j'ai ajouté je vous attends où vous voudrez quand vous voudrez, à l'arme qui vous plaira. Et je croyais qu'en France lorsqu'on recevait cette injure en face et qu'on ne s'en lavait pas, on devait aller se cacher et non pas se plaindre. Si c'est là l'échantillon de noblesse que nous promettait Henry V, eh! bien vrai, j'aime mieux l'ancienne, car elle avait du cœur.

Mais la plus jolie déposition est celle du courageux Paul Dupont-Ferrier qui s'était prudemment esquivé lors-

qu'il s'agissait de signer le procès-verbal. Ce brave garçon n'a pu faire sa déposition que le 4 août et nous saurons tout à l'heure pourquoi. Cette déposition est curieuse
en ce sens qu'elle dit : « M. Favre a dit à M. Denantes
b.... de polichinelle, c'est sur ce mot que M. Denantes
a frappé. » Le brave garçon qui ne veut pas nuire à ses
affaires, et cependant veut dire la vérité parce qu'il sait
que non pas quatre témoins mais cent lui diraient :
mais vous mentez. Ce garçon intelligent trouve un moyen, c'est de me faire dire un mot burlesque qui n'est pas
une insulte à vrai dire, mais qui peut déterminer de la
part de celui qui se l'entend adresser une sortie violente.
J'ai nié avoir tenu le propos et comme la déposition de
M. Paul Dupont-Ferrier (encore un qui cumule les noms)
était la seule dans ce sens, on fit entrer le sieur Denantes lequel ne voyage plus sans un gourdin vulgairement
appelé *permission de dix heures.*

On fit observer au sieur Denantes que sa déposition
faite chez le commissaire pas plus que celles qu'il avait
écrite, ne portait trace de ce mot de b... de polichinelle.
— C'est vrai, dit-il, sur le moment j'étais un peu ému
et ne m'en suis pas souvenu; mais plus tard, *mon ami*
Paul Ferrier m'en parla, je rappelais mes souvenirs et
je me souviens bien que le mot a été prononcé.

Le Juge d'Instruction se tournant vers moi me demanda si je me souvenais et ce que j'avais à dire. Je répondis : Je nie énergiquement avoir tenu ce propos devant
M. Denantes, je lui ai dit : allez commander vos cochons,
ne vous occupez pas de moi, je vous méprise comme la
boue de mes souliers, c'est sur ces mots que M. Denan-

tes a essayé de me porter un coup à la figure, je l'ai paré.

Le Juge s'adressant à M. Denantes lui demanda s'il maintenait avoir entendu le mot polichinelle d'une façon absolue. Il répondit : « en ce moment j'étais très-ému, je ne le maintiens pas d'une façon absolue. »

Cette réponse fut écrite, nous signâmes le procès-verbal ; (ce n'était pas la peine d'attendre un mois pour concerter une aussi plate déposition.) On fit partir le sieur Denantes qui est souvent ému ; lorsque l'homme et la canne eurent disparu, on me fit le plaisir de me dire que j'étais libre d'en faire autant.

Je reçus le 19 août assignation pour comparaître devant la police correctionnelle le *mercredi* 23 *août* 1873, étant prévenu de coups et blessures envers la personne ·de M. Denantes. J'étais poursuivi par le ministère public ; je pensais tout au moins que le ministère public avait en même temps assigné M. Denantes, mais non, j'appris, par la cédule des témoins, que ce dernier était assigné simplement comme témoin en compagnie de M. le Commissaire de police, Paul Ferrier, B. Buisson, Mlle Maire, libraire, et M. Novel, directeur de la Poste.

Je prie le lecteur de remarquer que j'étais assigné à comparaître le mercredi 23 pour l'affaire Denantes et le jeudi 24 pour l'affaire Monnet-Daiguenoire.

J'écrivis de suite à Me Guillot, mon avocat, j'avais juste trois jours, pas plus. Je n'avais aucune note ; les témoins étaient dispersés ; l'un à Lyon ; les autres à Grenoble. Enfin, pour comble de malheur, je reçois une lettre de mon ami Guillot m'annonçant la mort d'un de ses enfants et me disant de faire défaut dans l'affaire

Daiguenoire ; qu'il écrivait à M. Moural, président, pour obtenir un sursis ; que, dans le cas où le sursis ne serait pas accepté, nous pouvions toujours faire opposition au jugement. Je fis défaut dans les deux causes, le mercredi 23 et le jeudi 24 août, et voici ce qui arriva :

On a remarqué que le ministère public avait assigné six témoins : M. H. Denantes, l'agresseur ; le commissaire de police, qui n'avait rien vu ; Mlle Maire, qui n'avait rien vu ; M. Novel, directeur de la Poste, qui était sorti de chez lui seulement au moment où M. Denantes tombait sur les escaliers de la porte ; enfin, M. Benoît Buisson, qui avait vu, et M. Paul Ferrier, qui avait également vu. Quant à MM. Babot, Tournaud et Barnier, qui avaient vu et buvaient à la même table que MM. Buisson et Ferrier, le ministère public jugea à propos de les éliminer quoiqu'ils eussent déposé et signé un procès-verbal qui figurait au dossier.

Je n'ai pas à juger cette partialité ; je constate simplement le résultat : je fus condamné par défaut à trois mois de prison et aux dépens.

Le lendemain jeudi 24 août, vint l'affaire Monnet-Daiguenoire, je fis également défaut. M. Moural présidait comme la veille ; la lettre de mon avocat s'excusant de ne pouvoir plaider à cause du deuil qui le frappait et demandant un sursis fut passée sous silence. Me Michal avocat de Jules Monnet posa ses conclusions et je fus condamné par défaut à trois mois de prison, deux mille francs d'amende, et mille francs de dommages et intérêts envers la partie civile et aux dépens. Mon imprimeur, qui habite Chambéry, qui n'avait jamais mis les pieds à Voiron, qui n'a jamais connu M.

Jules Monnet fut également condamné par défaut à 500 francs d'amende et 500 francs de dommages et intérêts envers la partie civile, et solidairement aux dépens. Tout le clan des Bazile, tous les pèlerins de Voiron, avaient assisté à ces deux audiences. De suite le *Courrier de l'Isère* s'empresse, le 24, d'annoncer ma première condamnation ; dans son numéro du 27 il annonçait ma deuxième condamnation. Le sieur Jules Monnet Daiguenoire fit faire un tirage supplémentaire, et, aidé d'un ancien séminariste, cafard de la plus belle eau, qui connaissait les adresses de tous mes correspondants le sieur Jules Monnet-Daiguenoire mit lui-même les journaux sous bande, il eût le triste courage de mettre les adresses, envoyer ces journaux à tous les fabricants de papiers avec qui je suis en rapport d'affaires, ainsi qu'à tous mes clients, entr'autre à la maison Caussemille Jne et Cie de Marseille, et à la maison Four et Cie successeurs de Roche, tous deux fabricants d'allumettes, avec qui je faisais environ deux cent mille francs d'affaires par an.

Ces deux maisons ainsi que beaucoup d'autres commerçants virent le but que l'on voulait atteindre. Plusieurs fabricants de papiers le virent également et tous me renvoyèrent les journaux et les bandes afin que je reconnusse l'écriture de l'expéditeur ; ce n'était pas difficile : l'écriture d'un banquier est assez connue sur une place, le doute n'était pas possible ; mais le plus beau, c'est que ce spirituel personnage avait encadré d'un filet à l'encre rouge, les articles portant ma condamnation afin qu'ils ne passassent pas inaperçus. Ce simple procédé donnera la mesure de la haine que m'ont vouée ces gens-là et les moyens honnêtes et intelligents qu'ils ont en leur pouvoir. Il avait fait mieux, le sieur Monnet-Daiguenoire, il avait envoyé les journaux sous bande à mes amis de Voiron avec des facéties dans le genre de celle-ci :

« à Monsieur X...

de la part de A. FAVRE, dit le Prophète,

auteur de la Ça-tire. »

Tant d'esprit entre-t-il dans une seule tête !

Décidément cet homme trouvait qu'on ne parlait pas assez de lui, sa personnalité n'était pas assez évidente. Il avait fait dorer son balcon, il avait acheté une maison à côté de la sienne, l'avait fait démolir pour y mettre une grille à la place, et faire voir son jardin à tous les passants et le public ingrat ne s'occupait pas de lui. Il fallait absolument qu'on s'en occupât. Un auteur fait une satire dans laquelle il peint des ridicules, dans laquelle il blâme un vice honteux. C'est moi ! s'écrie Jules Monnet ; c'est moi qu'il a voulu désigner, — N'est-ce pas, Messieurs, que c'est moi ? — A coup sûr, disent les trembleurs, on ne peut pas permettre tant de licence. — Messieurs, je vais lui faire voir ce que c'est qu'un Daiguenoire, il aura de mes nouvelles ! Demain je pars pour Grenoble. Et voilà notre homme parti : cette fois on va parler de lui.

Aussi, au retour des audiences des 23 et 24 août, il fallait les voir revenir vainqueurs, le sieur Monnet écartait tellement les bras et les jambes qu'il était impossible de passer à côté de lui sur le même trottoir. Le sieur Denantes trouva son braek à la gare et, voulant

aller rapidement à la Tivollière porter cette bonne nouvelle, il faillit rendre fourbues ses deux haridelles qui
ressemblent beaucoup au cheval qu'avait *d'Artagnan*,
lorsqu'il partit de son village.

Quelques jours après je reçus signification des deux
jugements et je m'empressai de former opposition.

L'affaire Denantes fut fixée à nouveau pour l'audience
du 6 octobre et celle de Jules Monnet pour le 20 novembre. J'avais tout le temps voulu pour faire citer mes
témoins dans l'affaire Denantes. Le 6 octobre, précisément le jour où commençait le procès Bazaine, je passais
en police correctionnelle. Je fus défendu par Mᶜ
Guillot, lequel invita les juges à se mettre au-dessus de
la passion des partis, qui, à Voiron, sont très divisés, et
de ne pas faire un procès de tendance. La recommandation n'était pas inutile, mais elle était superflue.

Pour cette affaire qui consistait en deux coups de parapluie et un coup de poing, il y eut deux audiences,
une longue plaidoirie dans laquelle mon défenseur fit
ressortir avec sa logique habituelle que la rencontre
avait été tout à fait fortuite, que déjà M. Denantes
avait essayé d'user d'intimidation pour empêcher la
vente de mes écrits, lorsqu'un journal, auquel il n'était
pas étranger, m'injuriait et me diffamait publiquement
— en m'appelant par mon nom celui là — il démontra,
ainsi que tous les témoins cités le disaient, que j'avais
été frappé le premier et que mon droit était de me
défendre.

Il fit remarquer avec juste raison que l'homme que
la loi excusait était poursuivi, mais celui qu'elle n'excusait pas, c'est-à-dire l'agresseur, ne figurait pas à

l'audience et avait mérité l'indulgence du ministère public. Enfin Mᶜ Guillot concluait en demandant ma mise hors de cause.

Dans sa réplique le ministère public dit à peu près ceci : M. Favre est responsable des coups qu'il a donnés, et par ce fait il doit être puni ; il est en outre responsable des coups qu'il a reçus parce qu'il les a provoqués par ses paroles blessantes: or, je demande l'application de la loi.

Mᶜ Guillot, en maintenant ses conclusions répondit : M. Favre, dit-on, est responsable des coups qu'il a donnés ; il est responsable aussi des coups qu'il a reçus ; il sera sans doute également responsable des coups qu'il recevra plus tard : il aurait dû, peut-être, se laisser fustiger sans mot dire, c'eût été digne d'un philosophe de l'antiquité ; mais mon client n'est pas encore assez stoïque pour cela. Les juges délibérèrent, ce qui ne fut pas long : je fus relevé du jugement par défaut et condamné à 100 francs d'amende et aux dépens.

Inclinons-nous devant la justice de notre pays.

En sortant du tribunal je dis à Guillot: regardez donc la statue de Thémis qui se trouve au-dessus du portail. — Et bien ! me dit-il, qu'a-t-elle ? — rien dans la main gauche, lui répondis-je, mais la main droite est bien armée. — Vous plaisanterez toujours, répliqua-t-il en riant: décidément vous êtes incorrigible.

J'arrive au procès ayant trait à ma Satire. Je suis poursuivi comme diffamateur. Ce procès, qui n'a l'air de rien, a une portée considérable. C'est un procès fait à l'imprimerie et à la littérature, au xıxᵐᵉ siècle. Je tiens à le démontrer, non, ce n'est pas ma mince personnalité qui est en cause, c'est la liberté de la presse et c'est afin d'en donner la preuve, que j'ai, dans ma cellule, pris la plume pour écrire ce petit volume. Il faudrait que nous fussions plus que des hommes pour que les passions politiques et l'esprit de parti n'eussent pas d'influence, même sur la justice.

Je vais procéder pas comparaison et tout d'abord prendre notre maître à tous dans l'art de la satire, j'ai nommé Boileau Despreaux qui écrivit depuis 1656 jusqu'en 1711.

Dès la première satire je trouve ces vers :

« Je suis rustique et fier et j'ai l'âme grosière :
« Je ne puis rien nommer si ce n'est par son nom
« J'appelle un chat un chat et Rollet un fripon.

Charles Rollet était procuerur, c'était un magistrat, fort décrié c'est vrai, mais nous avons eu aussi, les Grandperret, les Deslesvaux, les Zangiaccomi et l'auteur qui se serait permis de les mal qualifier dans une satire, l'aurait payé cher. Il faut bien dire que du temps de Boileau nous n'avions pas encore cette magistrature que l'Europe nous envie, comme disait, il n'y a pas très-longtemps, l'un de nos législateurs de l'Empire.

Je cite encore Boileau et je trouve dans l'*Art Poëtique*, chant IV, ce qui suit :

« Dans Florence jadis, vivait un médecin,
« Savant hableur, dit-on, et célèbre assassin.
« Lui seul y fit longtemps la publique misère :
« Là le fils orphelin lui redemande un père ;
« Ici le frère pleure, un frère empoisonné ;
« L'un meurt vide de sang, l'autre plein de séné ;
« Le rhume à son aspect se change en pleurésie,

« Et par lui la migraine est bientôt frénésie.

« Il quitte enfin la ville, en tous lieux detesté.

« De tous ses amis morts, un seul ami resté

« Le même en sa maison de superbe structure :

«C'était un riche abbé, fou de l'architecture,

« Le médecin d'abord semble né dans·cet art,

« Déjà de bâtiments parle comme Mansard :

« D'un salon qu'on élève il condamne la face ;

« Au vestibule obscur il marque une autre place ;

« Approuve l'escalier tourné d'autre façon.

« Son ami le conçoit et mande son maçon :

« Le maçon vient, écoute, approuve, et le corrige

« Enfin pour abréger un si plaisant prodige,

« Notre assassin renonce à son art inhumain ;

« Et désormais, la règle et l'équerre à la main,

« Laissant de Galie la science suspecte,

« De méchant médecin, devînt bon architecte.

C'est vers ont été écrits en 1674 et voici ce qu'écrivait Boileau en 1676, au maréchal de Vivonne ;

« Il y a un médecin à Paris, nommé M. Perrault,
« très-grand ennemi de la santé et du bon sens ; mais,
« en récompense, fort grand ami de M. Quinault. Un
« mouvement de pitié pour son pays ou plutôt le peu
« de gain qu'il faisait dans son métier, lui en a fait
« embrasser un autre. Il a lu Vitrure, il a fréquenté M.
« Le Van et Ratabon, et s'est enfin jeté dans l'archi-
« tecture, où l'on prétend qu'en peu d'années il a au-
« tant élevé de mauvais bâtiments qu'étant médecin il
« avait ruiné de bonnes santés. Ce nouvel architecte
« m'a pris en haine sur le peu d'estime que je fai-
« sais pour les ouvrages de son cher Quinault. Sur cela
« il s'est déchaîné contre moi dans le monde : je l'ai
« souffert quelque temps avec assez de modération ;
« mais enfin le bile satirique n'a pu se contenir : Si

« bien que dans le quatrième chant de ma poëtique, à
« quelque temps de là, j'ai inséré la métamorphose d'un
« médecin en architecte. »

Je suppose que M. Perrault le médecin est aussi bien
désigné que M. Rollet le procureur. Quant aux épithètes de fripon, d'empoisonneur, d'assassin, elles n'y sont
pas ménagées. Décidément, si Boileau revenait, il lui faudrait mettre une sourdine à sa lyre et, ce qu'il aurait à
mon avis de mieux à faire; serait de poursuivre sa pro-
fession d'avocat pour laquelle il ne se sentait pas le
moindre goût. Et Labruyère! et Molière! toutes ces
gloires de la littérature qui ont flagellé les vices de leur
siècle seraient impossibles dans le nôtre, voire même le
bonhomme Lafontaine. Je ne sais pas vraiment s'il serait aujourd'hui permis d'écrire la fable des Grenouilles
qui demandent un roi.

De tout temps il y a eu des gens prêts à accepter le
ridicule et, lorsque parurent *les Caractères* de Labruyère
on crut que chaque caractère était le portrait de quelque personnage connu.

Labruyère eut beau s'en défendre, des listes circu-
lèrent et l'auteur qu'elles désolaient eût en outre le
chagrin de se les voir attribuer. Il a fallu le temps pour
apaiser tout cela et ceux qui s'étaient donné tant de
mal en ont été pour leur frais.

Je ne pense pas que nous revenions jamais au temps
où un magistrat disait à Richelieu : « Donnez-moi deux
lignes écrites d'un homme et je me charge de faire
pendre cet homme. » Le magistrat qui parlait ainsi s'appelait Laubardemont : c'est lui qui a fait le procès de

Cinq-Mars et de Thou, et les a fait exécuter dans ma ville natale sur la place des Terreaux. Si mes souvenirs sont exacts ce magistrat a fait partie du parlement de Grenoble ; l'histoire l'a flétri comme elle flétrira toujours l'injustice, de même qu'elle immortalise et honore les magistrats intègres tels que les Montesquieu, les Lamoignon et tant d'autres dont la mémoire doit servir d'exemple à ceux qui ont accepté cette mission suprême de rendre la justice.

Nous, nous ne pouvons pas retomber dans l'arbitraire, c'est à nous de défendre pied à pied nos libertés. Nous savons d'avance que tous ceux qui ont combattu pour la liberté ont été privé de la leur, lorsqu'ils n'ont pas eu pis. Je préfère cette lutte intelligente avec l'arme de la raison que cette autre lutte qui consiste à assassiner un homme que je ne connais pas avec une arme perfectionnée. Si la jurisprudence devait anéantir la littérature nous serions obligés d'être de l'avis de Platon, de Montaigne et de Rousseau. (1)

Je suis très-éloigné de me plaindre de la sentence prononcée par mes juges, au contraire je m'en félicite. Je suis persuadé qu'ils ont fait leur devoir selon leur

---

(1) Quant un reste d'humanité porta les Espagnols à interdire à leurs gens de loi, l'entrée de l'Amérique, qu'elle idée fallait-il qu'ils eussent de la jurisprudence ? Ne dirait-on pas qu'ils ont cru réparer par ce seul acte, tous les maux qu'ils avaient faits à ces malheureux Indiens ? (J.-J. Rousseau).

Le roi Ferdinand envoyant des colonies aux Indes, pourvent sagement qu'on n'y menast aulcuns escholiers de la jurisprudence jugeant, avec Platon, que c'est une mauvaise provision de païs, que jurisconsultes et médecins. (Montaigne.)

4

conscience. Cela me permet de montrer quel courant
nous entraîne.

Nous subissons l'influence du jésuitisme, *ce grand
dissolvant*, comme le qualifiait Voltaire. Il ne lui suffit
pas d'anéantir les hommes il veut anéantir la pensée,
il le faut à tout prix, son existence en dépend ; la
science et le progrès marchent, il se trouve acculé dans
ses derniers retranchements. Dix-huit siècles de foi s'é-
croulent et font place à la lumière nouvelle : Puissions-
nous être les dernières victimes de cette transition !
Nous sommes jugés aujourd'hui ; d'autres nous jugeront
demain. Nos juges eux-mêmes seront jugés ; tous nos
actes enfin sont passés au crible de l'histoire et tel, qui
pour un peu, n'aurait pas eu de sépulture, (Molière Po-
quelin) a une statue au temple de mémoire. Urbain VIII
ne voulait pas que la terre tournât et cependant l'histoire et les faits ont donné raison à Gallilée.

La science tue la foi. La foi se défend elle fait bien,
mais ses armes sont mauvaises, ce qui le prouve c'est
que chaque jour ceux qui défendent la foi, adoptent les
découvertes de la science, même pour anéantir ceux
qui préconisent la science.

Les découvertes modernes font assez de besogne
pour que nous n'ayons pas besoin de nous émouvoir.
beaucoup. Vouloir arrêter la pensée, c'est vouloir retenir l'eau dans sa main, les moyens sont aussi impuis-
sants que l'est la vague de l'océan contre le fil qui conduit la pensée humaine de l'ancien monde au nouveau
et du nouveau à l'ancien. On jette des bâtons sous les
roues du char, le char avance quand même ; une génération succède à l'autre et récolte ce que sa devancière

a semé. Semons donc dût-il nous en coûter la mort : pour mon compte, je mange déjà la part du voisin, car j'ai dépassé la moyenne de la vie humaine ; or, je peux mourir sans regrets. Et comme j'ai eu l'honneur de le dire à mes juges : vous pouvez me condamner ou m'absoudre cela ne m'empêchera pas d'écrire ce que je pense.

Si l'Italie se relève, nous nous relèverons, et ce qui prouve que nous sommes dans une décadence momentannée, c'est l'étalage que nous avons fait de nos richesses nationales ; nous nous sommes évertués à prouver que nous avions rapidement payé cinq milliards, c'est trop glorieux pour nous et cela prouve que le luxe et la mollesse nous ont suffisamment énervés. Ce n'est pas le peuple le plus riche qui est le plus brave, au contraire et cela est facile à démontrer par une simple citation de Rousseau.

« Les anciens politiques parlaient sans cesse de
« mœurs et de vertu ; les nôtres ne parlent que de com-
« merce et d'argent.

« L'un vous dira qu'un homme vaut en telle contrée
« la somme qu'on le vendrait à Alger ; un autre, en
« suivant ce calcul, trouvera des pays où un homme
« ne vaut rien, et d'autre où il vaut moins que rien.
« Ils évaluent les hommes comme des troupeaux de
« bétail.

« Selon eux, un homme ne vaut à l'état que la con-
« sommation qu'il y fait ; ainsi un Sybarite aurait bien
« valu trente Lacédémoniens. Qu'on devine donc la-
« quelle de ces deux républiques, fut subjuguée par
« une poignée de paysans, et laquelle fit trembler l'Asie.
« La monarchie de Cyrus a été conquise avec trente

« mille hommes par un prince plus pauvre que le
« moindre des Satrapes de Perse ; et les Scytes, le
« plus misérable de tous les peuples, ont résisté aux
« plus puissants monarques de l'Univers. Deux fameu-
« ses républiques se disputèrent l'empire du monde ;
« l'une était très-riche, l'autre n'avait rien, et ce fut
« celle-ci qui détruisit l'autre.

« L'empire romain, à son tour, après avoir englouti
« toutes les richesses de l'univers, fut la proie de gens
« qui ne savaient pas même ce que c'était que la richesse
« Les Francs conquirent les Gaules, les Saxons, l'An-
« gleterre, sans autres trésors que leur bravoure et leur
« pauvreté. Une troupe de montagnards dont toute l'a-
« vidité se bornait à quelques peaux de moutons, après
« avoir dompté la fierté Autrichienne, écrasa cette
« opulente et redoutable maison de Bourgogne qui fai-
« sait trembler les potentats de l'Europe. Enfin toute
« la puissance et toute la sagesse de l'héritier de Char-
« les-Quint, soutenues de tous les trésors des Indes,
« vinrent se briser contre une poignée de pêcheurs de
« harengs. Que nos politiques daignent suspendre leurs
« calculs pour réfléchir à ces exemples, et qu'ils ap-
« prennent une fois qu'on a de tout avec de l'argent,
« hormis des mœurs et des citoyens. »

Plus loin il ajoute :

« Le goût du faste ne s'associe guère dans les mêmes
« âmes à celui de l'honnêté. Non, il n'est pas possible
« que des esprits dégradés par une multitude de soins
« futiles s'élèvent jamais à rien de grand ; et quand ils
« en auraient la force, le courage leur manquerait. »

Méditons sur ces exemples tirés de l'histoire des ·

peuples et rappelons-nous que lorsqu'un peuple a perdu le nerf civil il lui faut des maîtres et non des libérateurs. Luttons avec la parole, luttons avec la plume et que la pensée fasse son chemin.

Après cette longue digression qu'excusera le lecteur je reviens à l'audience du 20 novembre 1873, affaire Jules Monnet-Daiguenoire contre A. Favre, négociant, homme de lettres, je m'exprime comme l'assignation et je suis à peu près certain qu'on n'a jamais vu ces deux professions accouplées ensemble. Mercure et Apollon! c'est assez bizarre. Enfin ce sera moins nouveau une autre fois. (Pardon, j'oubliais le confiseur Siraudin.)

A l'ouverture de l'audience nous voyons entrer tout le clan des Baziles, tous les bretons bretonnants et les pèlerins pèlerinants. En tête nous voyons le sieur Jules Monnet-Daiguenoire et son beau frère Martin, ex-tabellion: ces deux hommes constituent ce que l'on est convenu d'appeler la maison Rambeaud frères, puisque ces messieurs continuent de signer Rambeaud frères. Je crois qu'à tous les points de vue c'est une bonne mesure qu'ils ont prise là: la maison Rambeaud frères était très-avantageusement connue; c'est un pavillon qu'ils font bien de conserver.

Le public est nombreux, on y compte même beaucoup de femmes. Où la curiosité ne les conduit-t-elle pas?

Un huissier annonce: la Cour. Le public se découvre et voit entrer Messieurs Duvaure, qui s'assied au fauteuil de la présidence, Moural et Bernard, juges, qui pren-

nent place, l'un à la gauche, l'autre à la droite de M. le
Président, et enfin la place du Ministère public est occupée par un homme chauve portant l'uniforme des
employés des *eaux et forêts*.

M. le Président veut bien prévenir MM. les avocats
qui ont à s'occuper de partie civile ou correctionnelle
que les délits forestiers commenceront l'audience et la
tiendront au moins une heure, pendant laquelle Messieurs les avocats, ci-dessus désignés, pourront disposer
de leur temps. Cet avis donné à MM. les avocats est entendu de tout l'auditoire dont les 9[10me se disperse pour
aller flâner pendant une heure et méditer sur l'issue du
procès qui nous occupe. Il était alors midi.

A une heure et quart M. le Greffier appelle la cause
Monnet-Daiguenoire contre Favre. Nous sommes tous
présents, c'est-à-dire que M. Jules Monnet est parmi
les auditeurs et, j'ai cru devoir, en ma qualité de poursuivi, venir prendre place entre mon avocat et l'avoué
de mon imprimeur qui, lui également, était assis au
même banc.

Ayant fait opposition au jugement nous nous trouvons
demandeurs. M. le Président donne la parole à Me
Guillot, mon défenseur. Me Guillot commence par déclarer que M. Monnet-Daiguenoire n'est pas en cause dans
cette satire, que nous lui en faisons une déclaration publique et formelle; que sa loyauté, son honorabilité,
son caractère, enfin toutes ses qualités bien connues le
mettent à l'abri de tout soupçon et qu'il n'y a rien de
commun entre lui et le sujet de la satire. Nous ne pouvons pas, dit-il, accuser M. Monnet-Daiguenoire d'avoir
laissé mourir une femme de chagrin après l'avoir

trompée ; ni l'accuser d'avoir abandonné son enfant ;
nous moins que tout autre. M. Monnet ne peut pas per-
sister à se reconnaître dans cette satire après la déclaration que nous lui faisons ici et nous sommes certains
que notre adversaire retirera sa demande.

La parole est alors donnée à Me Michal qui se lève
de toute sa taille de six pieds, dont le sommet est orné
de cheveux blancs encadrant une face de Néron. Et
d'une voix sépulcrale il demande ma condamnation
parce que je suis un homme redoutable. Je suis *la terreur
de tous* (textuel) ; je suis la torche incendiaire ; j'attaque
tout ce qu'il y a de plus respectable, de plus sacré. Me
Michal tient à la main un de mes écrits (une 2me aux
aveugles de Voiron), je l'engage à citer. Vous allez être
satisfait, me dit-il, et il cite un passage dans lequel je
dis que les malheureux frères des écoles chrétiennes
n'ayant pas la ressource des confessionnaux et des visites à domicile se satisfont la plus part du temps sur
les enfants qui leur sont confiés. Êtes-vous content !
me dit-il d'une voix de tonnerre, qui me donne envie
de rire. Eh ! oui Me Michal je suis content, Si vous
aviez continué de lire il y avait à la suite de ce que vous
avez lu beaucoup de preuves à l'appui de mon dire ;
mais vous avez tout aussi bien fait parce que cela n'a-
vait aucun rapport avec M. Jules Monnet-Daiguenoire.
Me Michal s'évertue à démontrer que son client avait
été capitaine de pompiers et qu'il était banquier, il fit
ressortir que mon but était d'animer le pauvre contre
le riche et il arrive enfin à démontrer que dans les derniers vers de ma satire je nommais son client, que ce
vers : « il trouva le nom d'une mare d'eau noire » le dé-

signait clairement ; que si son client n'avaitpas de particule il pouvait y en avoir une qui était sous entendue.
Enfin pour prouver que son client n'avait jamais changé
de nom, il apportait comme preuve à l'appui l'extrait de
naissance de Jules Monnet-Daiguenoire, ce qui était parfaitement inutile puisque le sujet dont s'occupe la satire
avait changé de nom, cette preuve maladroite était en
notre faveur, mais qu'importe.

Il est temps de mettre un frein à cette manière d'é-
crire s'écriait-il. Cet homme bouleverse Voiron, il a
déjà écrit contre plusieurs personnes et il préparait
d'autres satires, car vous remarquerez que celle-ci est
intitulée: 1re satire. Oui, Messieurs ! il devait en paraître une contre un fabricant de papiers de Voiron ; il
devait en paraître une autre contre le Cercle du commerce.

Finalement Me Michal concluait en demandant
l'application de la loi du 17 mai 1819 et maintenait sa
demande de dommages et intérêts.

Après cette plaidoirie M. le Président me posa diverses questions, il me demanda si j'avais eu l'intention
d'écrire contre M. Jules Monnet-Daiguenoire, je lui dis
que non. Que mon but avait été de fustiger plusieurs
ridicules et de blâmer un vice honteux, qu'il me paraissait surprenant qu'un seul homme voulut accepter pour
sa part le monopole de ces ridicules et de ce vice que
chacun reprouve.

Je fis observer à M. le Président que si tous les gens
ridicules, ou tous ceux qui abandonnent des filles, prenaient la fantaisie de me demander des dommages et
intérêts pour contribuer à leurs œuvres philantropiques

le temps précieux de la magistrature et mes faibles ressources n'y suffiraient pas.

Je dis, en outre, que je n'écrivais pas absolument pour Voiron, que plusieurs de mes écrits avaient une tout autre portée ; qu'il était vraiment singulier qu'à Voiron ce soit un crime de penser, de parler et d'écrire.

La parole fut ensuite donnée à Mc Guillot, mon avocat. Mais avant de reproduire très-imparfaitement le résumé de sa brillante plaidoirie je tiens à répondre ici à deux insinuations contenues dans la fin de la plaidoirie de Me Michal. Ce brave et digne avocat, avec sa taille gigantesque et sa voix caverneuse, avait parfois l'air de me prononcer un sermon et me faisait des sorties accompagnées de roulements d'yeux qui me faisaient rire aux larmes, surtout lorsqu'il disait que je serais au besoin la *torche incendiaire* ; que j'étais la *terreur de tous* ! Décidément, Me Michal, ça ne fait pas honneur au courage des Voironnais que vous défendez. J'ai été pendant huit mois président du comité républicain de Voiron. Ce comité était composé de 350 membres cotisants, jamais il n'a commis un acte contraire à la loi ; au contraire, le 8 février 1871 nous avons été obligés de faire respecter la loi par ceux qui auraient dû la pratiquer, pour l'exemple : M. E. Poncet et M. H. Denantes étaient alors conseillers municipaux, ces deux pèlerins avaient, parait-il, un mot d'ordre parti de haut et distribuaient, sur les places et jusque dans les salles de vote, des listes électorales portant les noms des barons et des marquis auxquels la France témoigne chaque jour son antipathie. Ces deux conseillers ont été rappelés à l'ordre par le Préfet sur mon avis télégraphié ;

voilà ce qui les a mis si fort en colère contre ce comité républicain ; mais tous les trembleurs qui disent aujourd'hui que je leur fais peur, criaient à cette époque plus fort que les autres : vive la République ! ils étaient cauteleux et flagorneurs, ils étaient menteurs et poltrons puisque, aujourd'hui, ils commencent à oser avouer leur antipathie pour les républicains.

Mᵉ Michal vous avez dit que j'avais préparé d'autres satires, l'une contre un fabricant de papiers de Voiron, l'autre contre le Cercle du commerce.

Votre client m'a qualifié de prophète sur les adresses des journaux qu'il envoyait à mes amis ; mais vous me paraissez plus prophète que moi, car vous savez même ce que je ne pense pas.

Quel est le fabricant de papiers de Voiron contre qui je pourrais faire une satire ? Serait-ce MM. Guérimand et Cⁱᵉ dont vous avez voulu parler ? Sans doute, il n'y a qu'eux à Voiron. Ces gens-là ont cru, parce qu'ils m'ont écrit une lettre insolente, en mauvais français, me réclamant le payement de ce qui leur était dû dans les 10 jours et en espèces, c'était leur droit ; (ils pensaient me faire déclarer en faillite et perdre mes droits de citoyen, ils se sont trompés), Ils ont pensé que j'avais à me venger de leur procédé. Mais leur procédé et leur français n'a rien qui doive surprendre. L'un a passé la moitié de sa vie à mettre du vin et de la bière en bouteille, à remplir et à vider des CENTPOTES, à servir des petits verres aux consommateurs de Vienne et de Lyon ; l'autre a été faire des essais de charcuteries et autres industries à Buenos-Ayres et à Montévideo, cela n'enlève rien à leur honorabilité, il n'y pas de sots métiers ; mais je ne devais pas m'attendre à trouver des procédés bien raffinés de la part de ces industriels. S'ils sont aujourd'hui directeurs d'une papeterie cela prouve que les capitalistes, propriétaires des usines, les ont trouvé assez capables pour cela. On a vu tout à l'heure un médecin devenir architecte.

« Son exemple est pour nous un précepte excellent.
« Soyez plutôt maçon si c'est votre talent.

Les Autrichiens, les Belges, les Anglais, voire même les Italiens qui nous enlèvent tous nos débouchés de l'industrie papetière dans le Levant, ont peut-être fait aussi un stage analogue à celui de ces messieurs ; si cela était, nous serions en plein progrès, mais il m'est bien permis d'en douter. Non, vous vous êtes trompé, Me Michal, ces fabricants de papiers ne m'inspirent pas ou s'ils m'inspirent c'est un sentiment qui ne se traduit pas en vers et que je n'ai pas à exprimer ici ; le papier est trop cher. Et puis il y en a un qui m'a trop fait rire pour que je lui fasse de la peine. Le jour où il plût à certaines gens d'inaugurer les services funèbres après la guerre, on crut à propos de donner un service religieux en l'honneur des mobiles de l'Isère, morts pendant la dernière guerre. C'était un moyen pour faire rentrer la la garde nationale dans les églises et lui faire exécuter toutes les génuflexions nécessaires devant le Saint-Sacrement, ainsi qu'on le faisait faire précédemment aux pompiers. Mais il arriva que la compagnie qui était de service pour accompagner le Conseil municipal n'était pas de cet avis et jugeant qu'elle n'avait rien à faire dans le temple elle accompagna, comme c'était strictement son devoir, le Conseil municipal et tous les officiers de mo-

bile et de garde nationale qui avaient pris l'initiative de ce
service religieux, elle les accompagna, dis-je, de la
porte de la Mairie à la porte de l'Église; elle forma les
faisceaux et pendant que les officiers religieux faisaient
leur prière elle attendit que la cérémonie fut terminée.
Au moment du départ M. F. Guérimand interpella le
commandant de la garde nationale en ces termes :
Commandant, pourquoi cette compagnie n'est elle pas
entrée à l'église? — parce que probablement elle n'avait
rien a y faire et qu'elle est libre de rester-là, repondit le
commandant. Elle sert d'escorte au Conseil municipal ;
le Conseil n'a pas plus besoin d'escorte dans l'église
que dans la Mairie. Quand on vient à l'église c'est pour
prier ! s'écria le capitaine Guérimand ; je donne ma
démission. Ouf! quel rire ! Ce qu'il y avait de plus curieux
c'est que cette démission venait un peu tard; en effet,
quinze jours après, la garde nationale était dissoute et
désarmée. Je faisais partie de cette compagnie qui pous-
sait l'irréligion jusqu'à penser qu'elle n'avait point de
rôle à remplir dans l'église. Oui, je me souviens bien,
j'étais lieutenant de cette compagnie dont le capitaine
était Alexandre Guélin, homme courageux et bon républicain (ne pas confondre avec son frère Polydore).

Que voulez-vous, M⁰ Michal, il y a des athées;
mais ce n'est pas un reproche que l'on puisse adresser
à M. F. Guérimand, aussi, nous respectons ses convic-
tions. On nous avait dit qu'étant tout jeune il était déjà
très-religieux, surtout pendant qu'il tenait, à Vienne, le
café de la Perle. Non, rassurez-vous, ce fabricant de
papier n'aura pas de satire, il m'a trop fait rire.

Que ces gens-là gagnent beaucoup d'écus, c'est tout

ce que je leur désire, il y en a un surtout qui en a grand besoin, si l'or embellit, comme le dit Boileau dans ces vers.

« L'or même à la laideur donne un teint de beauté
« Mais ont devient affreux avec la pauvreté.

Quant au Cercle du commerce, il n'aura pas plus de satire que le papetier. La population l'a déjà baptisé en termes peu flatteurs pour ceux qui le hantent ; ces gens-là ont eu la malheureuse idée de renverser deux maisons, de suite après la guerre, pour ériger un temple à Bacchus qui, pour être très-prétentieux et placé en évidence, n'en est pas moins d'un très-mauvais goût ; un escalier étranglé et trop vertical conduit à une terrasse d'observation qui précède l'édifice et les deux murs latéraux qui s'élèvent de chaque côté de la terrasse restent nuds et semblent attendre qu'un amateur de réclame y fasse peindre l'annonce d'une maison de vêtements à bon marché, tels que *les cent mille paletots* ou bien la *maison du Pont-Neuf*, celle qui n'est pas au coin du quai et où l'on rend l'argent. Comme ce sont à peu près les mêmes personnages qui avaient fait barbouiller l'intérieur de l'Église, qui ont fait édifier le *monument* du Cercle, ces deux choses donnent une idée exacte des connaissances de ces gens-là, en peinture et en architecture. Leur satire est toute faite, ils se chargent de la faire eux-mêmes. Certainement il y a des gens qui en font partie que je méprise, que je hais même du fond du cœur ; d'autres ne m'inspirent que du dégoût ; mais il en est que j'estime et que je respecte.

Faire une satire contre une assemblée collective, c'est

confondre les caractères qui la composent et appliquer à tous les ridicules de quelques-uns. Le bon grain se séparera tôt ou tard de l'ivraie. Le monde marche et, comme le disait Paul-Louis Courrier : « Si sa marche nous paraît lente, c'est que nous vivons un instant. Mais que de chemin il a fait depuis cinq ou six siècles ! A cette heure, en pleine roulant, rien ne le peut plus arrêter. »

Voici ce que j'avais à dire pour rassurer les trembleurs dont M⁰ Michal s'était fait le bouillant interprète.

Si jamais l'étranger revient en France, nous saurons ce que vaut le courage de ces gens-là, ainsi que leurs protestations en faveur de la République.

Je reprends la suite du procès.

Vint le tour de M⁰ Guillot. Il prit la parole et fit une plaidoirie travaillée et ordonnée comme on en entend rarement. On voyait que, redoutant le procès de tendance et craignant que l'on ne condamnât plutôt le républicain que l'écrivain, il avait accumulé tous les documents qui pouvaient être de quelque prix dans le débat. Il commença par lire un article du *Figaro* dans lequel, un des rédacteurs de ce journal, peu suspect de républicanisme, se plaignait des lettres qui lui parvenaient sous forme de réclamations ou de menaces, chaque fois qu'il lui arrivait, dans sa chronique, d'exercer sa verve satirique ou de flageller quelque ridicule. Il lut la préface écrite par Georges Sand dans son livre *Horace*. Dans cette préface, l'auteur se plaint également que chaque fois qu'il lui arrive de faire un portrait peu flatteur, il y a des gens qui s'en plaignent et croient que l'on écrit pour eux.

Il fit mieux il trouva un jugement rendu il y a quelques années en faveur de Paul Feval. Ce dernier, dans un de ses romans, avait, par hazard sans doute, dépeint une maison de campagne ressemblant en tous points à celle d'un éditeur de Paris, il avait indiqué le lieu, la maison, la division des pièces, les personnages même étaient frappants de ressemblance soit par le genre, soit par le nombre, le nom seul était changé.

Paul Feval fut poursuivi pour délit de diffamation et d'injures, il fut acquitté parce qu'il était démontré que la liberté du romancier a une certaine étendue et qu'on ne peut pas perscrire de limites à un auteur tant qu'il ne nomme personne sous son véritable nom et qu'il ne sort pas des limites assignées par l'usage, c'est-à-dire qu'il ne heurte pas de front nos lois, nos coutumes et nos mœurs.

Enfin il prit la satire et détruisit les argumens élevés par son adversaire contre certains passages, avec une puissance de logique digne d'un meilleur succès.

Il fit ressortir combien il était maladroit d'apporter un extrait de naissance pour prouver que l'on n'a pas changé de nom lorsque l'auteur de la satire fustige précisément ceux qui changent de nom et s'appliquent des particules, ce qui n'était pas le cas de M. Monnet-Daignenoire.

Il démontra qu'elle haine et quel désir de vengeance avaient ces gens-là contre moi, en indiquant le petit moyen dont s'était servi M. Monnet en adressant à tous mes correspondants, les journaux annonçant les jugements par défaut qui m'avaient frappé en premier lieu. Il s'éleva avec indignation contre de pareils procédés

qui avaient pour but ma ruine, et démontraient clairement qu'on ne laissait pas perdre l'occasion de me nuire
chaque fois que l'occasion s'en présentait, occasion qui
se présente souvent lorsqu'on est banquier.

Mᵉ Guillot se reservait le droit de poursuivre l'auteur
d'un acte aussi inqualifiable, auteur parfaitement désigné, car les adresses de ces journaux sont toutes mises
de sa main. La haine fait perdre la tête à cet homme ;
ai-je dit à Mᵉ Guillot ; le plus simple est de mépriser
l'homme et ses moyens. Dernièrement encore, le
10 décembre dernier une traite d'une somme très-
minime (16 francs) fut fournie par mon imprimeur de
Grenoble sur un de mes amis en mon absence, cette
traite passa par les mains de ce banquier haineux, et
l'envoyant encaisser il l'accompagna d'un billet ainsi
conçu :

« Il faut être bien riche pour payer aussi cher la très-mauvaise
« marchandise qui fait l'objet de ce mandat »

Signé : Jules MONNET.

Autrefois sur les billets de ·loterie de la madone en
cuivre repoussé il signait Daiguenoire, aujourd'hui il
signe Jules Monnet, c'est bon à retenir. Comme je col-
lectionne les autographes, je conserve celui-ci, qui va
se trouver tout étonné d'être en compagnie de ceux de
V. Hugo, A. Dumas, P. Dupont, etc. J'aime les extrêmes:
à côté de la plus grande somme d'esprit, mes enfants
retrouveront la plus grande somme de simplicité.

L'avocat Michal avait cherché à démontrer que M.
Dalbane, imprimeur à Chambery, avait *seul* consenti à

imprimer mes écrits ; qu'aucun autre imprimeur n'aurait
voulu s'en charger. Et, poussant une charge à fond de
train contre ce malheureux imprimeur, il soutenait que
cet homme — muni d'un moteur à vapeur — ainsi que
l'indiquait l'adresse obligatoire qui figurait au bas des
exemplaires — avait la spécialité des impressions déma-
gogiques. Naturellement il concluait en demandant la
condamnation d'un imprimeur aussi dangereux.

Me Guillot, dans ma défense, avait établi avec des
preuves à l'appui que j'avais eu des écrits imprimés à
Vichy, à Lyon, à Voiron, à Grenoble, enfin à Chambéry.

Monsieur D'Albane était présent à l'audience. Un ha-
sard nous avait mis en correspondance, il y a environ
deux ans. Vendant du papier aux imprimeurs, il n'y a
rien d'extraordinaire que je sois en correspondance avec
eux.

M. D'Albane me fit ses offres de services comme je lui
avait fait les miennes, par correspondance ; finalement,
ses prix étant inférieurs à ceux que j'avais précédemment payés, je lui avais fait, pendant deux ans, imprimer à peu près tous mes pamphlets. Ce ne fut que lo
19 novembre, veille de l'audience, que nous nous vîmes
pour la première fois. J'avoue que je regrette de n'avoir
fait plutôt la connaissance de M. D'Albane, car c'est
bien l'homme le plus aimable et le plus actif que j'aie
jamais connu.

M. D'Albane avait, comme moi, été condamné une
première fois par défaut, le 24 août. Ayant appris que
je faisais défaut il en avait fait autant. Mais, avant la
première audience, il avait écrit à M. Jules Monnet-Daiguenoire qu'il n'y avait pas pu avoir de mauvaise inten-

tion de sa part en imprimant la satire, attendu qu'il n'avait jamais mis les pieds à Voiron, qu'il n'avait jamais vu M. Favre et qu'il ignorait complètement l'existence de M. Jules Monnet-Daiguenoire. Ce dernier ne daigna pas répondre. M. D'Albane vint à Voiron, mais M. Monnet fit dire qu'il n'y était pas; ce jour là j'étais à Marseille, ce furent mes amis qui reçurent M. D'Albane.

A cette audience du 20, l'imprimeur exposa sa défense lui-même et n'eut pas de peine à démontrer qu'ayant un moteur à vapeur, ainsi que l'annonçait pompeusement Me Michal, c'était sans doute pour s'en servir et qu'il utilisait ses presses au profit de tous. Là il montra des imprimés pour l'Evêché, pour les pèlerinages, pour la commune, pour l'industrie, pour les congrégations, pour la Préfecture et pour une foule de notaires, d'huissiers, etc.

Il déclara ne me connaître personnellement que de la veille, et n'avoir jamais connu M. Daiguenoire. Son plaidoyer fut simple et correct; il se résumait en ces simples mots : je n'ai jamais rien imprimé qui attaquât les lois de mon pays, ou qui fût défendu par elles — Je suis imprimeur comme M. Josse était orfèvre. Nous verrons tout à l'heure que cela ne l'a pas fait mettre hors de cause.

Enfin qu'il me soit permis de remercier ici, publiquement, mon honorable ami Guillot des efforts qu'il a faits, du talent qu'il a déployé pour me faire acquitter; tout cela devait être en pure perte. Le tribunal correctionnel est souverain, et trois juges sont seuls appréciateurs.

Le ministère public, en la personne de M. Hours, résuma les débats, maintint l'accusation, soutint que

M. Jules Monnet était clairement désigné et demanda de maintenir la condamnation en l'atténuant. Tout cela dans un langage assez correct mais avec une difficulté d'énonciation qui peine l'auditeur. Dans son intérêt, je conseille à ce jeune homme d'abandonner ce métier qui doit lui donner beaucoup de peine et pour lequel la nature a oublié de le douer de l'organe le plus nécessaire.

Messieurs les juges firent demi-tour à droite et après être demeuré *une heure et demie* en délibération ils sont rentrés, M. Duvaure, président, en tête, tenait sous son bras le code pénal, c'était un mauvais signe ; en effet, voici le jugement qui fut prononcé :

JUGEMENT.

—

Extrait des minutes du greffe du tribunal de première instance de l'arrondissement de Grenoble. (Isère).

République française — Au nom du peuple français.

La troisième chambre du tribunal de première instance de l'arrondissement de Grenoble (Isère) a rendu, à l'audience du vingt novembre mil huit cent soixante et treize, le jugement dont la teneur suit : entre primo, Favre, Alexis-Georges, né à Lyon, (Rhône) le cinq mai mil huit cent trente-trois, fils de Mathieu et de Marie-Louise-Françoise-Xavier Auclair, négociant, domicilié à Voiron, marié, deux enfants, lequel déclare faire élection de domicile en la personne et étude de Mᵉ Debon, huissier, à Grenoble, rue du Lycée, numéro dix. Secundo, D'Albane, Charles-Alexandre-Ernest, né à Saint-Julien, (Haute-Savoie) âgé de trente et un an, imprimeur, domicilié à Chambéry, marié, trois enfants, lequel fait élection de domicile en la personne et étude de Mᵉ Jobert, avoué près le tribunal civil de Grenoble, y demeurant rue Bayard, numéro deux. Tous

deux opposants par exploits des trois et cinq septembre mil
huit cent soixante et treize, envers le jugement de défaut rendu contre eux par le tribunal correctionnel de Grenoble, le
vingt et un août mil huit cent soixante et treize et demandeurs,
d'une part. Jules Monnet-Daiguenoire, banquier, domicilié à
Voiron, défendu à la dite opposition, d'autre part. En présence
du ministère public, M⁵ Guillot, portant la parole pour Favre,
a conclu à ce qu'il plaise au tribunal, recevoir l'opposition formée par ce dernier envers le jugement de défaut du vingt et un
août mil huit cent soixante et treize, et y faisant droit, mettre
à néant ledit jugement et par nouveau, mettre son client hors
d'instance avec dépens. Ensuite M⁵ Guillot a présenté la défense de son client. D'Albane a exposé à son tour ses moyens
de défense. M⁵ Louis Michal, avocat, portant la parole pour
Monnet-Daiguenoire, partie civile, a conclu à la conformation
pure et simple du jugement de défaut dont il s'agit qui sera
exécuté suivant sa forme et teneur avec dépens auxquels les
opposants seront condamnés. Après réplique de M⁵ Guillot
complétée par les explications que le prévenu Favre a voulu
soumettre au tribunal, Monsieur Hours, substitut au procureur
de la république a pris la parole, il a résumé l'affaire et a conclu à la condamnation des deux prévenus:

Attendu que l'opposition formée le premier et le trois septembre mil huit cent soixante et treize par Favre et D'Albane
au jugement du vingt et un août précédent est régulière et
qu'elle doit être accueillie. Attendu que dans le courant de la
présente année à Voiron, Favre a publié et mis en vente dans
divers lieux publics, un écrit signé de lui intitulé: « Première
satire, dédiée à un enfant qui a perdu sa mère» lequel écrit
commence par ces mots: « Une femme de moins, un orphelin
de plus » et finit par ces mots: « Enfant ne cherche pas, plus
tard tu sauras tout» sûr, Monnet-Daiguenoire, plaignant, est ma-
nifestement signalé dans cet écrit, notamment dans les passages suivants: «De beaux sapeurs-pompiers il était capitaine,
C'était dans le bon temps de César le voleur; Il avait un poignard dans une riche gaîne; C'était un gros banquier respecté

du commerce; Pour lui c'est trop crapule de porter de son père un vieux nom roturier; Il a voulu qu'un jour, de lui parla l'histoire, Et fouillant tout au fond d'un boueux encrier, Il a trouvé le nom d'une mare d'eau noire.» Sûr, personne à Voiron ne s'est trompé un instant sur la désignation de Daiguenoire dans ce factum. Attendu qu'il contient les expressions de gredin, sacripan, ventru, despote, d'ignoble bourreau, et autres termes outrageants, que dans ce moment Favre impute à Monnet-Daiguenoire divers faits tels que les suivants : « d'avoir *séduit une jeune fille, et de l'avoir lâchement abandonnée avec son enfant, et de l'avoir vouée à la mort ; de prêter avec usure et tripoter toujours.* D'être un de ces repus qui, nés dans l'abondance, savent très-lestement faire l'addition; un de ces fats à qui leur peu d'intelligence, permet aussi de faire la soustraction. » Attendu que ces divers passages renferment des qualifications outrageantes, termes de mépris, et l'imputation de faits de nature à porter atteinte à la considération et à l'honneur du plaignant ; attendu que D'Albane en imprimant ce factum ainsi caractérisé, s'est sciemment rendu complice du délit imputé à Favre; attendu que ces délits sont prévus et punis, par les articles dix-huit, dix-neuf et vingt-quatre de la loi du dix-sept mai mil huit cent dix-neuf ; par ces motifs : le tribunal faisant droit à l'opposition de Favre et de D'Albane, met à néant le jugement de défaut du vingt et un août mil huit cent soixante et treize, et statuant par nouvelle décision, condamne contradictoirement Favre à quinze jours d'emprisonnement, condamne ensuite le prévenu et D'Albane, solidairement le premier à cinq cents francs et le second à deux cents francs d'amende et aux frais payés par l'Etat, liquidés à douze francs soixante quinze centimes y compris un extrait de vingt-cinq centimes pour l'enregistrement. Et statuant sur les conclusions de la partie civile, condamne Favre et D'Albane, solidairement, le premier à cent francs et le second à cinquante francs de dommages et intérêts, les condamne, enfin, solidairement avec dépens liquidés, à quatre-vingt-quatorze francs vingt centimes non compris enregistrement, expédition et signification du présent, avec contrainte par corps pour le paiement; ordonne que le présent jugement sera exécuté à la diligence du procureur de la république en ce qui le concerne, le dit jugement rendu en vertu des lois rapportées ci-après dont Monsieur le Président a donné lecture. Article dix-huit de la loi du dix-sept mai dix huit cent dix-neuf : La diffamation envers les particuliers sera punie d'un emprisonnement de cinq jours à un an, et d'une amende de vingt-cinq francs à deux mille francs, ou de l'une de ces deux peines seulement selon les circonstances ; article dix-neuf de ladite loi : l'injure envers les particuliers sera punie d'une amende de seize francs à cinq cents francs ; article vingt-quatre de ladite loi : Les imprimeurs d'écrits dont les auteurs seraient mis en jugement en vertu de la présente loi, et qui auraient rempli les obligations prescrites par l'article deux de la loi du vingt et un octobre mil huit cent quarante quatre, ne peuvent pas être recherchés pour le simple fait d'impression de ces écrits à moins qu'ils n'aient agi sciemment ainsi qu'il est dit à l'article soixante du code pénal qui définit la complicité. Article cinquante deux du code pénal : L'exécution des condamnations à l'amende, aux restitutions, aux dommages et intérêts, et aux frais, pourra être poursuivie par la voie de la contrainte par corps. Article idem du code pénal. Tous les individus condamnés pour un même fait, crime, ou pour un même délit, seront tenus solidairement des amendes, des restitutions, des dommages et intérêts et des frais. Article cent quatre-vingt-quatorze du code d'instruction criminelle. Tout jugement de condamnation rendu contre le prévenu et contre les personnes civilement responsables du délit ou contre la partie civile, les condamnera aux frais même envers la partie publique. Les frais seront liquidés par le même jugement. Ainsi jugé et prononcé en audience publique par la troisième chambre du tribunal de première instance de l'arrondissement de Grenoble, (Isère) le vingt novembre mil huit cent soixante et treize, où siégeaient Messieurs Hussel du Vaure, vice-président, Mourral et Bernard, juges; en présence de Monsieur Hours substitut du procureur de la République, assisté de

Deschamps, commis-greffier. A la minute signé H. du Vaure, vice-président, Mourral et Bernard, juges, et Deschamps commis-greffier. Enregistré à Grenoble, le vingt décembre mil huit cent soixante et treize, folio soixante-cinq, verso, case neuf, reçu un franc quatre-vingt centimes, signé Peronnet.

En conséquence, le Président de la République, mande et ordonne à tous huissiers sur ce requis de mettre le présent jugement à exécution ; aux procureurs généraux et aux procureurs de la République près les tribunaux de première instance d'y tenir la main, et tous commandants et officiers de la force publique de prêter main-forte lorsqu'ils en seront légalement requis. En foi de quoi, le présent jugement a été signé sur la minute par le Président, les juges et le commis-greffier. Présente expédition faite en forme exécutoire, a été délivrée par le greffier soussigné qui y a apposé le sceau du tribunal. Goubet, timbre cinq francs quarante ; greffe, deux francs, total sept francs quarante centimes.

Je respecte trop la justice pour ne pas m'incliner devant ses arrêts. Si l'on m'avait infligé cette peine pour avoir fait 200 mauvais vers, à coup sûr je ne me fusse pas plaint. C'était la première fois que j'enfourchais Pégase, je ne pouvais pas être d'une grande habileté sur ce cheval ailé, à tête de Méduse. Et certes, je méritais bien une punition pour avoir ainsi écorché les oreilles d'Apollon ; mais me condamner comme diffamateur, j'ai peine à le croire et je plains le malheureux qui se retrouve dans le portrait peu flatteur que j'ai tracé dans cette satire et que mes juges ont persisté à reconnaître. Je veux suivre la satire ici publiquement et la défendre d'un bout à l'autre, car si l'on s'amuse à tronquer comme l'ont fait nos adversaires, nous en reviendrons à l'argument de Laubardemont : « donnez-moi deux lignes écrites d'un homme et je me charge de faire pendre cet homme. » Tout se lie dans un écrit : le tronquer c'est en altérer le sens.

Je prie le lecteur de suivre avec moi cette œuvre réputée délictueuse.

1ʳᵉ SATIRE

DÉDIÉE A UN ENFANT QUI A PERDU SA MÈRE

Une femme de moins, un orphelin de plus.
On voit cela souvent sans en chercher la cause :
On chuchotte tout bas sur celle qui n'est plus :
Les femmes du pays se racontent la chose.
« Elle n'a pu survivre à ce lâche abandon,
« Un gredin la trompa, pourtant elle était mère
» D'un fort joli garçon. Que deviendra-t-il donc,
» Ce pauvre enfant chéri ? disait une commère.
» Comment ! ce sacripan, ce ventru, ce despote,
» Qui brasse des écus du matin jusqu'au soir,
» Qui prête avec usure et qui toujours tripote,
« Verra grandir l'enfant sans faire son devoir !
» Il n'a donc pas de cœur ! » — Ma bonne, taisez-vous,
Si l'on vous entendait il pourrait vous en cuire,
Laissez raconter ça par plus osé que vous :
Cet homme, s'il le veut, pourra toujours vous nuire ;
Il fréquente beaucoup les gens qui sont pieux :
Il dispose du sort de grosses industries ;
Avec votre curé ce Monsieur est au mieux.
Laissez-moi parler seul, je crains peu leurs furies,
Je suis libre et je peux parler à haute voix.
J'ai connu comme vous celle qui fut victime.
Nous allons en causer ; je veux, pour cette fois,
Au juste châtiment associer la rime.

Je veux qu'en voyant l'homme on dise : Oh ! quel crétin,
Il a beaucoup d'écus, il rit, lève la tête ;
De ses fils délaissés que lui fait le destin !
Cet homme, c'est bien peu, car c'est moins qu'une bête.

Le lecteur qui se souviendra de ce que j'ai dit au
commencement de cet ouvrage, reconnaîtra parfaitement l'impression que me produisit la visite dans la
mansarde de la brodeuse de Paris, et l'histoire du financier, poltron bigot, qui était l'auteur de la mort de
cette malheureuse. Notez que j'ai raconté cette anec-
dote au tribunal qui m'a fait l'honneur de m'écouter
très-attentivement. Si M. Jules Monnet-Daiguenoire
prend cela pour lui, je ne lui en fais pas mon compli-
ment.

Poursuivons :

La femme a succombé. c'était trop de douleur,
Elle aimait son enfant, l'amour la rendait forte ;
Mais cette abandonnée était frappée au cœur,
En méprisant un homme elle est aujourd'hui morte.
En y réfléchissant je me dis : c'est justice.
Mieux vaut partir trop tôt que souffrir ici-bas.
Sa trop courte existence était un long supplice,
Son ignoble bourreau ne la reverra pas.
Je l'ai connue, enfant, lorsque dans la prairie,
Elle cueillait les fleurs, chassait les papillons,
Jouant avec sa sœur qui s'appelait Marie,
Caressant les grands bœufs qui creusaient les sillons.
En ce temps-là, mordieu ! l'essaim de jeunes filles
Que j'avais sous les yeux était resplendissant,
Pères, mères, enfants. jouaient sous les charmilles,
On soupait, on chantait, on revenait dansant.

Chacun rentrant chez soi se disait : c'est dimanche,
Dans huit jours nous pourrons nous amuser encor ;
Aujourd'hui j'ai gagné, à bientôt ta revanche,
Il nous faut travailler, le travail vaut de l'or.
Et de l'or il en faut ! sans cela comment vivre,
Les uns en ont beaucoup, les autres n'en ont pas ;
Je voudrais bien savoir où se tient le grand livre
Des hommes nés égaux, inégaux ici-bas.

L'avocat Michal a commencé par lire ce dernier quatrain ayant bien soin d'éliminer ce qui le précédait et
en supprimant toujours par la même raison les 28 vers
qui le suivent, cela lui a permis de prouver que j'animais le pauvre contre le riche tandis que, s'il avait lu
ce qui précède ou ce qui suit, il aurait vu que je rendais
hommage à la vie paisible, au travailleur simple honnête
et laborieux ; mais cela n'aurait pas rempli le but. Je
continue.

Le père était joyeux en regardant ses filles,
Grandir avec les soins que donnent les parents
Qui ne connaissent pas ce que les grandes villes
Offrent pour enlever, à de jeunes enfants,
L'amour du vrai, du beau, de notre bonne mère
La nature. Il disait : Elles travailleront,
Elles s'assureront un avenir prospère ;
Le travail leur plaira, bientôt elles verront
Du produit de leurs mains naître l'indépendance ;
Leur mère comme moi pensait toujours ainsi.
Nos enfants ont grandi, le bonheur c'est l'aisance ;
De peu je suis content et mes enfants aussi.
Un état, c'est très-bien ; on l'apprend, il fait vivre,
Mais il faut du travail et des relations,
Toute femme n'a pas un journal, un grand livre,

Comme les tripoteurs d'argent et d'actions.
Elle n'a pas non plus de garçon de recette ;
Elle encaisse son gain, elle rend son travail,
Avec peine elle emplit sa petite cassette.
Elle tient dans ses mains aviron, gouvernail.
L'enfant en grandissant, apercevait l'aurore,
Eclairant un destin pour elle tout nouveau.
Telle une jeune fleur qui soudain vient d'éclore
Donne son doux parfum avant le fruit nouveau.
Elle était femme enfin ; un jour elle fut rendre
Son ouvrage achevé, c'était un jour fatal ;
Il lui fallait aller chez un grec qui sait vendre
Ce que travail produit : il vend du capital.

Voici où Mᵉ Michal commence à dire que son client
est désigné et il lit ce qui suit :

C'est un de ces repus qui, nés dans l'abondance,
Savent très-lestement faire l'addition ;
Un de ces fats à qui leur peu d'intelligence
Permet de faire aussi de la soustraction.
De beaux sapeurs-pompiers il était capitaine,
C'était dans le bon temps de César le voleur ;
Il avait un poignard dans une riche gaîne,
Et rêvait chaque nuit d'avoir la croix d'honneur.
Cet illustre crétin comptait sur sa fortune
Pour dominer de haut tout homme qui produit :
Disciple de Mercure, il se croyait Neptune,
Et méprisait le pauvre ainsi que l'érudit.
C'était un gros banquier respecté du commerce.
Avec ces simples mots : DOUTEUX, MAUVAIS, ou BON,
Il usait d'un pouvoir qui, sitôt qu'on l'exerce,
Nous fait blancs comme neige ou noirs comme charbon.

Messieurs, dit Mᶜ Michal, mon client a été capitaine
des pompiers sous l'empire et c'est le seul capitaine de
pompiers qui, en même temps, ait été banquier à Voiron.
Or, mon client est ici clairement désigné. En outre mon
client portait un poignard au côté gauche. (Rire dans
l'auditoire.)

Il s'agirait de savoir si ma satire a été faite pour Voiron et rien ne l'indique. Parce que j'écris à Voiron il ne
s'en suit pas que j'écrive spécialement pour Voiron.

Mon avocat a cité trois capitaines de pompie.s cᵐⁱ
étaient banquiers l'un dans la Drôme ; deux dan   i   -
voie, il est vrai qu'ils n'avaient peut-être pas .o -
gnard ; mais comme l'a fait ressortir l'avocat Guillot, ce
poignard se trouve là pour remplir le vers et nous n'a-
vions jamais vu de capitaine de pompiers armés de poi-
gnards. C'était alors de la haute *fantasia* comme disent
les arabes. Il est certain que si nous avions voulu re-
chercher dans toute la France le nombre de banquiers
qui ont été capitaines de pompiers sous l'empire, nous
en eussions trouvé plus de cent tellement la finance
était respectée, honorée, sous ce gouvernement qui
nommait les capitaines de pompiers.

Sous l'empire, il était permis de jouer au soldat lorsqu'on était pompier, et ces braves gens, ces hommes
d'abnégation et de dévouement qui mettent leur existence en péril pour sauver la propriété, la fortune et la
vie de leurs semblables étaient,les jours de fêtes, affublés
de bonnets à poil, de beaudriers, *de briquets,* de fusils à
pierre ou à piston et une fois accoutrés de la sorte, ils
escortaient M. le maire ou la procession. Dans l'église
ils battaient aux champs, mettaient un genou en terre

devant M. le curé et présentaient les armes au Saint-Sacrement.

Les pompiers étaient les licteurs des curés de campagne et ces braves gens n'avaient de guerrier que le bonnet à poil, si, toutefois, cette coiffure a quelque chose de guerrier.

J'ai vu sur le rivage armoricain et sur tout le littoral du midi de la France, j'ai vu les compagnies de sauveteurs ; celles-là voient souvent le danger et chaque année les gazettes nous apportent le récit de leurs actes de dévoûment et le nombre de victimes qu'elles ont laissées à l'Océan ou à la Méditerranée. Bien souvent en voyant ces hardis marins organisés en sociétés de secours mutuels et de sauvetage, j'ai pensé au triste rôle qu'on faisait jouer dans l'intérieur de la France à des hommes d'un mérite plus modeste mais dont le courage n'a jamais fait défaut et j'ai souvent cherché l'occasion de tourner en ridicule cette manie de faire jouer au soldat des hommes qui n'ont rien de commun avec le soldat.

Cette manie de jouer au soldat était tellement passée dans nos mœurs que dans cette dernière guerre nous avons vu avec quelle fureur on se jetait sur les galons ; combien l'on tenait à paraître ! N'avons-nous pas vu, dans Grenoble même, un avocat au langage pathétique et filandreux, proposer d'organiser une compagnie de francs tireurs.... *Sédentaires*. On lui a ri au nez. Un peu plus nous aurions vu des soldats en chambre. Cet habitué du temple de Themis s'est consolé en envoyant des facéties de mauvais goût aux républicains dans un journal qui, je l'ai déjà dit, quelque part, devait prendre pour titre : *Au plus offrant*. Ce courageux franc tireur sédentaire signait : *Qui libet* (celui-là). Il se reconnaîtra soyez-en sur. Voilà pourquoi j'ai fait les quatre vers concernant le capitaine de pompier.

Si je me suis élevé contre le pouvoir des capitalistes, si j'ai dit qu'avec deux mots ils pouvaient ruiner un homme, sa famille, briser sa carrière, son avenir, c'est que la chose est vraie et qu'ils ne s'en font pas faute. Le seul acte commis par M. Monnet-Daiguenoire lorsqu'il s'est empressé d'annoncer mes condamnations (même celle qui lui était étrangère) à tous mes correspondants prouve suffisamment que lorsqu'il hait quelqu'un tous les moyens dont il dispose sont mis en vigueur pour lui nuire ; ce seul fait pourrait me faire supposer que les renseignements envoyés sur moi de Voiron à Paris émanent de cette maison ; mais que ces gens là se rassurent, ils peuvent être connus beaucoup dans le monde financier ; je le suis assez dans le monde commerçant. Si M. Daiguenoire a pris cette satire pour son compte, il n'avait probablement pas la conscience tranquille et le jugement de l'opinion publique ne lui suffisait pas. S'il a quelque chose à se reprocher ce n'est pas ma condamnation qui l'absoudra et je peux lui dire ce que Solon disait à Crésus :

« L'homme dont la carrière n'est pas achevée ne sait
« pas ce que l'avenir lui réserve. »

Nous savons bien qu'il y a des gens gonflés de fortune qui affectent de rire de tout et disent tout haut :

« Qu'importe qu'en tout lieu l'on me traite d'infâme,
« Dans mon coffre tout plein de rares qualités,
« J'ai cent mille vertus en louis bien comptés.
(BOILEAU).

Mais chaque homme a une conscience qui tôt ou tard crie et fait sentir à celui qui a commis une infâmie que le vrai bonheur consiste bien davantage à faire des heureux qu'à l'être tout seul. L'isolement lui-même est un supplice, c'est l'ostracisme dans la société, et si M. Monnet fait tant de bruit je crains déjà pour lui qu'il ne se trouve trop seul.

Poursuivons la satire :

> Je reviendrai plus tard sur ce pouvoir occulte,
> Dont se servent des gens hypocrites et faux,
> Fervents adorateurs, grands exerceurs de culte,
> Luxurieux paillards, pris souvent en défaut ;
> Un jour je parlerai de ces coureurs de filles.
> Assidus à la messe, au lutrin figurants,
> Qui laissent à regret le café, les trois billes,
> Pour manger le Bon-Dieu devant les ignorants.

Voici les huit vers qui ont fait pousser les hauts cris à tous les pélerins de Voiron. « Messieurs ! s'écriait un vieux paillard faux dévôt, Messieurs ! c'est une infamie ; si l'on entre ainsi dans la vie privée personne n'est à l'abri, c'est une indignité : il reviendra plus tard sur ces gens là ! mais vous le voyez, ce n'est que la première satire, nous serons tous attaqués si vous ne poursuivez pas. Certainement c'est vous Daiguenoire que l'on a désigné là ! Ah ! quelle audace ! » Et le pauvre vieux en avait le cauchemar — Ah ! c'est égal, pauvres gens, (pauvres d'esprit entendons-nous) vous m'avez bien fait rire.

J'eusse écrit cette satire à Paris où je l'ai commencée,

je l'y eusse fait éditer, vendre, on aurait ri de mes mauvais vers, on aurait trouvé cent portraits, mille portraits ressemblants, mais on aurait laissé la paix à l'auteur.

J'arrive à Voiron j'y fais vendre mon écrit comme je le faisais vendre à Lyon, Grenoble et Chambéry, de suite je suis poursuivi condamné emprisonné. Quel pays est-ce donc Voiron ? Je n'ai qu'à regarder la ceinture de couvents qui l'environne et j'ai de suite la raison qui fait que ces gens crient. On les a élevé en hypocrites, en jésuites, ils redoutent la vérité, ils aiment la domination ; il leur faut deux classes, l'une d'esclaves l'autre de maîtres ; malheur à qui osera toucher à cet ordre de choses si péniblement ébauché. Hélas ! les esclaves que vous croyez faire sont des Français ils ont encore du sang gaulois dans les veines ; ils ne sont pas encore rammolis par le luxe et la mollesse qui vous atrophient ; et vous, qui vous érigez en maîtres, ne donnez que le triste exemple de votre pusillanimité ; je devrais me servir d'un autre terme, mais je suis poli. Les Pompée, les César, les Marius, les Scylla, qui ont commandé en maîtres au peuple le plus courageux du monde ne sont parvenus à ce degré d'autorité que par leur courage. Rappelez-vous, *honnêtes gens*, que la couardise ne récolte que le mépris et ça ne vous échappera pas.

Suivons la satire :

Je reviens au sujet qui m'occupe et me peine :
Voici tantôt huit ans la jeune fille allait
Remettre son travail à ce nonveau Silène.
Elle avait la beauté, la fraîcheur ; elle était,

6

Pour ce monstre éhonté, sans charge de famille.
Un régal de satyre ou bien de vieux garçon.
« Nous avons des écus, à nous fille gentille, »
Disent certains Midas, pourquoi tant de façon ?

Je prie le lecteur de remarquer, comme l'a judicieusement fait observer mon avocat, que voici une ouvrière qui va rendre son travail chez un banquier. Que diable un banquier peut-il bien faire faire à une ouvrière ; jusqu'ici nous n'avions jamais entendu dire que les banquiers occupassent des ouvrières. Eh! bien, il paraît que M. Monnet-Daiguenoire en occupe puisqu'il se reconnaît dans ce tableau.

J'avoue que j'avais besoin de cette situation pour lier mon histoire, mais je n'aurais jamais supposé qu'un banquier occupât des petites filles. Une autre fois, je saurai que la chose est possible, j'aurai payé pour l'apprendre.

Poursuivons, voici le tableau de la séduction, suivi d'une tartine philosophique qui n'a pas dû être du goût des gens dévots et qui n'a pas peu contribué à me faire poursuivre, (j'allais dire condamner.)

Chez lui se présenta l'innocente ouvrière,
N'attendant d'un Monsieur aussi bien élevé
Qu'une approbation, et de droit son salaire.
Pour le travail rendu sans débat soulevé.
Mais en fut-il ainsi? Qui donc viendra nous dire
Pourquoi la jeune fille à revenir souvent
Se montrait empressée. Il ne faut pas médire,
Mais j'ai pu remarquer, sans être fort savant,
Que ces assiduités, ces nombreuses visites

Amenèrent sous peu les résultats connus :.
Les fréquents entretiens, les rencontres fortuites,
Les rendez-vous, le soir, que l'on a convenus.
L'union sans témoins bien souvent est fatale.
Nos lois n'obligent pas le père à épouser
La femme qui commet la faute capitale.
Aux yeux des gens dévots, l'homme peut tout oser.
Mais la femme est perdue, elle seule est victime.
Du doigt on se la montre, et pour un seul baiser,
Une ignorante enfant a commis un grand crime.
La solidarité ne se voit pas chez nous.
Que deviennent, hélas! les lois patriarcales,
Garantissant le sort d'un seul comme de tous ?
Je les trouve parfois à rares intervalles,
Chez les gens primitifs et non civilisés.
Les enfants du désert, l'Indien, le Peau-Rouge,
L'Arabe, l'Esquimeau, ne sont pas divisés.
Dans leurs droits, leurs devoirs, jusqu'ici rien ne bouge.
Chez eux l'homme naît, meurt, protégé, secouru.
Ils sont moins commerçants, partant moins hypocrites;
De miracles chez eux il n'en est point paru ;
De leur religion ils observent les rites,
Sans se croire obligés de nuire à leurs voisins.
Ils veulent ignorer ce qui fait notre gloire :
Les somptueux palais et les beaux magasins.
Leurs temples ne sont pas baraques de la foire ;
Ils n'avalent pas Dieu avant le déjeuner ;
De la confession niant les bénéfices.
Le progrès peut chez eux lentement cheminer ;
Il ne rencontre pas ce qui fait nos délices.
Hommes, femmes, enfants, sont robustes et forts,
Le sein qui les porta peut les nourrir sans honte ;
Le devoir accompli, par de nobles efforts,
Grandit à tous les yeux la femme qui surmonte
Et la peine et le mal pour payer son tribut
A la société, surtout à la nature.

Chez nous ce n'est pas ça, voici quel est le but :
De l'âme il faut sauver l'existence future,
Gagner beaucoup d'écus, tondre le travailleur,
Conter aux ignorants beaucoup de balivernes,
Leur promettre toujours un avenir meilleur,
Leur faire voir enfin des ballons pour lanternes :
Telle est, pauvre orphelin, notre société
Où le sort te jeta. Tu n'as pas le beau lot ;
Tu n'auras pas toujours pain à satiété
Pendant que le voisin aura la poule au pot.
Mon enfant, c'est ainsi que l'a voulu ton père ;
Ta mère le gênait, il vous laissa tous deux ;
Il hérita du luxe et toi de la misère :
Lorsqu'il peut appauvrir, ton père est bien heureux.
Il écume de l'or, c'est là son seul mérite ;
Aussi le voyons-nous salué, flagorné,
Par tous ceux qui sont bas, vils, à mine hypocrite,
Par ceux dont le rayon visuel est borné.

Sur ces soixante trois vers, M. Michal en a cité trois,
et les voici :

Il hérita du luxe et toi de la misère :
Lorsqu'il peut appauvrir, ton père est bien heureux.
Il écume de l'or, c'est là son seul mérite ;

Là, il démontrait de façon péremptoire que j'animais
le pauvre contre le riche et que dans un moment de ré-
volution j'étais un homme dangereux. Il se gardait bien,
l'asticieux avocat, de lire le commencement et la fin de
la phrase ! avec les trois vers du milieu il formait une
phrase à lui, qui tendait à démontrer que j'étais un *pé-
troleur*, il ne l'a pas osé dire, mais l'envie ne manquait

pas. Décidément Escobar a fait des disciples qui ont profité. Suivons, nous approchons de la fin.

Enfant, console-toi, tu ne connaîtras pas,
Au début du chemin, les vices du grand monde.
Si ta mère n'est plus pour assurer tes pas
Au milieu du cahos de la machine ronde,
Tu trouveras des cœurs prêts à te soutenir ;
Ils développeront ta faible intelligence,
Avec l'instruction tu pourras devenir
Utile, et tu verras quelle est la différence
Entre un riche impudent et un homme d'esprit.
Ta génération fera de grandes œuvres,
Car d'un siècle nouveau l'aurore lui sourit :
Le siècle du travail sera fatal aux pieuvres.
Tu verras, mon enfant, s'unir les travailleurs
Embrassant la science et riant de la fuite
De ceux qui sont repus de nos grains les meilleurs,
De l'usurier enfin, du pitre et du jésuite.

Ces sept derniers vers suffiraient pour faire croire que j'étais un homme dangereux, je suis même surpris de n'avoir pas été poursuivi comme affilié à l'Internationale. Oui dans un vers j'ai dévoilé l'espoir que j'ai de voir un jour disparaître à tout jamais ceux qui nous mettent un bandeau sur les yeux, un baillon dans la bouche ; qui nous lient les mains et fouillent dans nos poches. A propos de ces vers, un de mes amis me demandait un jour ce que j'entendais par le mot PITRE que j'associe à ceux d'usurier et de jésuite.

Un pitre, lui répondis-je, c'est pour moi un individu qui, couvert d'un oripeau quelconque, s'élève un peu au-dessus des autres et vit aux dépens de ceux qui l'écoutent, et ils sont nombreux ajoutai-je. Mon ami médite encore, il n'a peut-être pas complètement compris, mais avec le temps il comprendra.

Viennent ensuite les quatre vers qui suivent :

> Tu vois qu'il ne faut pas te désoler beaucoup
> Si l'auteur de tes jours ne veut pas te connaître ;
> L'agneau peut vivre en paix loin de l'antre du loup :
> Il sera tout pleuré s'il vient à disparaître.

Mais voici le bouquet, au dire de tous nos amis ce sont les douze vers qui suivent qui ont entraîné ma condamnation.

> Si devant son palais tu passes le front haut,
> Regarde avec mépris ce luxe ridicule,
> Etalé sottement par un ancien maraud
> Ayant changé de nom. Pour lui c'est trop crapule
> De porter de son père un vieux nom roturier ;
> Il a voulu qu'un jour, de lui parla l'histoire,
> Et fouillant tout au fond d'un boueux encrier,
> Il a trouvé le nom d'une mare d'eau noire
> Où jadis barbotaient le cochon, le canard,
> Et tous les batraciens pendant la canicule.
> Qui se serait douté que ce peuple criard
> Fournirait à l'intrus grand nom et particule ?

Dans ces douze vers l'avocat Michal a vu son client désigné de telle façon qu'il n'y avait pas à s'y méprendre. Il a démontré que mare d'eau noire voulait dire Daiguenoire, il faut pour cela mettre beaucoup de bonne volonté, mais il y en avait. « Fournirait à l'intrus grand nom et particule » n'a pas embarrassé davantage le fécond avocat. Nous n'avons pas de particule c'est vrai, mais il y en a une sous entendue et c'est celle que M. Favre voulait désigner.

O subtilité !, ô équivoque ! Si Despreaux n'avait pas écrit son immortelle satire sur l'équivoque, ce serait le cas où jamais de l'écrire ; mais le génie et la liberté d'écrire ne se rencontrent pas dans chaque siècle.

M. le président voulut bien me demander quelques explications. Il me demanda entr'autre chose si en écrivant ces vers :

« Si devant son palais tu passes le front haut,
Regarde avec mépris ce luxe ridicule
Etalé sottement par un ancien maraud
Ayant changé de nom. »

Il me demanda si je n'avais pas eu en vue l'habitation de M. Daiguenoire. Il a un parc, me dit-il, une grille sur laquelle se trouve son chiffre. Je répondis non, et je ne pouvais pas tout dire car je suffoquais. Comment ! j'aurais voyagé dix ans et plus l'Italie entière ; j'aurais vu Rome, Florence, Gênes, Venise, les villes aux palais splendides, j'aurais fouillé tous les musées de ce pays, le berceau des grands artistes pour confondre aujourd'hui un palais avec la bicoque de M. Monnet !

M. le Président, je ne pouvais pas vous dire que depuis l'âge de 17 ans je voyage, j'observe, j'étudie, je compare, je juge. Ayant aujourd'hui quarante et un an bientôt, il aurait fallu que j'eusse l'intelligence bien bornée pour me laisser aller au point d'appeler palais la maison de banque des Rambeaud frères, de Voiron. Non, vous ignoriez mon passé et vous avez cru sans doute que quittant ma chaumière j'étais jaloux de l'ha-

bit?tion de ce Monsieur. C'est une erreur. Si cette habitation m'a frappé c'est par l'escalier qui empiète sur la
voie publique, et que toute administration soucieuse de
son devoir n'aurait pas du laisser construire.

Mais sous l'administrateur impérial Faige-Blanc on
n'y regardait pas de si près, et lorsque l'un des fidèles
de sa cour exprimait un désir, il daignait le lui accorder. Cela me fait penser que cet homme qui passait pour
intelligent (ce qui, dans certain cas, n'est pas difficile),
nous a laissé ou plutôt a laissé isoler Voiron entre
deux embranchements celui de Rives à Saint-Rambert
et celui de Moirans à Valence, ce qui fait que la ville la
plus industrieuse du département se trouve, comme Pa-
nurge devant la pontife Batbue, entre deux selles....

Mais le projet de la nouvelle église a procuré tant de
distractions à cet administrateur !....

Non, je ne confonds pas la maison Rambeaud avec un
palais. Heureusement que le luxe en France est encore
éloigné d'atteindre celui de l'Italie au moment de sa
splendeur. Cela nous permet d'espérer que notre décadence n'est pas aussi prochaine que nous pourrions le
croire.

« Il prit le nom d'une mare d'eau noire.»

Voici le grand dada sur lequel sont montés tous les
déchiffreurs d'énigmes.

Eh bien ! puisqu'il prit le nom d'une mare c'est que
cette mare avait un nom. Etait-ce la Crapaudière, la Gre-
nouillère ? Non ça fait *Daiguenoire*, dites-vous, dans votre fort entendement.

Et j'admets que *eau noire* fasse Aigue-noire, qu'à

donc de commun Monsieur Monnet Daiguenoire avec le sujet de ma satire ?

A t-il trompé une jeune fille ?

L'a t-il abandonnée elle et son enfant ?

La mère est elle morte de chagrin ?

N'a t-il rien fait pour l'enfant ?

Vous obligez le public a se poser toutes ces questions en m'accusant d'avoir désigné M. Monnet-Daiguenoire qui cependant n'a pas changé de nom comme mon triste héros, puisque son avocat produit son extrait de naissance.

Il n'y a qu'une chose qui puisse faire croire que M. Daiguenoire est mis en cause dans ma satire, c'est s'il a commis l'infamie que je blâme. S'il ne l'a pas commise, il a sa conscience pour lui et l'opinion publique. Tous les faiseurs de pamphlets ou de satires ne peuvent rien contre ces deux puissances.

S'il a un acte semblable à celui que je réprouve à se reprocher, ma condamnation entraîne la sienne par ce que sa conscience et l'opinion ne l'absoudront pas. S'il en est ainsi, je suis condamné à 15 jours et lui à perpétuité.

Qui l'aura voulu ? lui-même ou plutôt ceux qui l'ont conseillé.

J'avais cependant ajouté ces quatre vers en terminant afin que l'opinion ne puisse désigner personne.

J'ai fait ces deux cents vers choisissant entre mille
Un être vil, abjet, que l'on trouve partout,
Dans le plus petit bourg et dans la grande ville.
Enfant, ne cherche pas, plus tard tu sauras tout.

Voiron, 21 mars 1873.

J'accepte ma condamnation et m'incline devant la majesté de la justice. Cela prouve une fois de plus l'insuffisance de certaines lois ou leur inutilité car l'application de cette loi du 17 mai 1819 entraîne ma condamnation, celle de M. Daiguenoire que mes juges persistent à reconnaître. Elle condamne en outre Boileau, La Bruyère, Lafontaine, et les critiques des XVIIme et XVIIIme siècle qui, aujourd'hui, seraient obligés de briser leur plume devant la puissance souveraine des doctrines d'Escobar et de Loyola.

Cellule 55, prison de Grenoble, le 22 décembre 1873.

A. FAVRE.

Je suis entré ici le 16 décembre, j'en sortirai le 31, si je suis vivant, ce que j'espère, attendu que je me porte très-bien. Et quoique seul, dans ma cellule, j'ai avec moi Montaigne, Rabelais, Rousseau, Courrier, Diderot, La Bruyère et L. Viardot, tous gens de haulte fustaie et de moult sapience. Avec ces amis on peut se passer de la société de *ces Messieurs du cercle* de Voiron.

Dix jours après mon entrée dans cette cellule, soit le 26 décembre 1874, M. André, préfet de l'Isère, m'a fait mettre avec les voleurs et m'a supprimé livres, papier, plumes et encre.

QUINZE JOURS DE PRISON CELLULAIRE

Le 20 novembre 1873 j'ai été condamné à 15 jours d'emprisonnement, 500 fr. d'amende et 100 fr. de dommages et intérêts envers la partie civile, qui était M. Jules Monnet-Daiguenoire, de Voiron, demandeur, lequel s'est cru désigné dans ma satire. Le 6 décembre M. Ch. Duperrou, procureur de la République à Grenoble, me fit prévenir par la police de Voiron d'avoir à me rendre à Grenoble avant le 15 pour y subir la peine à laquelle j'avais été condamné par jugement du 20 novembre dernier. Passé le délai fixé (15 décembre) il se verrait dans l'obligation de me faire conduire par la gendarmerie.

En lisant cette gracieuse invitation, que l'agent de police Perrin eut le bon esprit de ne pas montrer à ma femme ni à ma petite fille, je pensai que mes affaires m'appelaient à Lyon et craignant de n'être pas de retour le 15; n'ayant pas l'envie d'être conduit enchaîné, comme nos malheureux amis arrêtés à Voiron le 2 juin 1871, j'écrivis à M. Duperrou, procureur de la République. Il faut dire que nous avions déjà correspondu, M. Duperrou et moi. Oui, M. Duperrou, le 14 juin 1871, m'intima l'ordre de dissoudre le comité républicain que j'avais l'honneur de présider, ce que je fis, attendu que rien ne pouvait mieux défendre la République que la volonté de la nation que l'on venait *prudemment* de désarmer. Le 2 juin, lorsque 1,800 hommes vinrent à Voiron pour en arrêter 20, on pénétra dans le local du comité républicain par la fenêtre, avant le jour, on enfonça le bureau pour saisir les papiers, on ne trouva rien ; notre secrétaire avait chez lui les livres. Le secrétaire fut arrêté, les livres saisis et si cet écrit tombe sous les yeux de M. Duperrou, je le prierai de se souvenir que ces livres, bien innocents, paraît-il, puisque dans ce moment de terreur on ne nous a pas poursuivis, ces livres, dis-je, ne nous ont jamais été rendus. Je les ai réclamés à M. Doniol, préfet, qui m'a fait écrire par un de ses secrétaires qu'il fallait m'adresser à M. le procureur de la République. A cette époque la plupart de nos démarches étant inutiles et les livres du comité n'ayant rien à redouter d'être mis à jour; je les ai laissés attendant une occasion pour les réclamer, elle se présente, j'en profite.

Ne voulant pas être enchaîné, disais-je plus haut, j'écrivis à M. le procureur de la République, le priant de m'accorder jusqu'au 20 décembre. Il me répondit, m'accordant ce délai, mais me prévenant qu'il ne pourrait pas le proroger. Il arriva que le 15 j'étais de retour de Lyon ; les affaires allant très-mal, malgré l'ordre moral maintenu par le gouvernement de combat, je n'avais pas grand chose à faire jusqu'à la fin de l'année. Je profitai de cette rare occasion ; je fis ma valise, j'y mis un peu de linge; j'y entassai pêle-mêle quelques livres, j'embrassai ma femme et ma fille et je leur dis que j'allais à Marseille ; comme cela m'arrivait tous les mois il n'y avait donc rien là de bien surprenant. A Lyon j'avais vu mon fils, un grand gaillard de 16 ans à qui je raconte tout, d'abord pour en faire un homme, ensuite parce que c'est mon meilleur ami.

Le 16 décembre au matin je partis donc pour Grenoble. Là je me rendis chez un de mes amis à qui je demandai à déjeuner et sur les 2 heures de l'après-midi je me dirigeai vers le palais de justice pour demander à M. le procureur de la République mon *ordre d'écrou.*

Arrivé sur la place St-André, j'avais à ma gauche la statue de Bayard, appuyé contre un arbre et embrassant la croix de son épée, cela me rappela les fameuses fredaines de cette époque. Je pensai à Charles-Quint, au pape Jules II, à Louis XII, à François Ier, au Conétable de Bourbon, qui fut tué, dit-on, par le fameux ciseleur Benvenuto Cellini, lors de l'assaut du château St-Ange et je me mis à plaindre Bayard (pas celui des temps modernes) qui s'était battu toute sa vie pour des gens valant si peu.

Je passai outre et, devant moi se dressait le tribunal, là, je contemplai la statue de Thémis qui a toujours son glaive dans la main droite et pas de balance dans la main gauche, cette statue est au-dessus de la voûte qui conduit sur le quai. Je ne sais pas pourquoi les Grenoblois ont supprimé les statues de Louis XI et de Charlemagne (deux bigots) qui ornaient ce monument, pour laisser subsister un emblème mythologique incomplet. Je suis capable d'ouvrir une souscription pour rendre à Thémis sa balance. En y réfléchissant bien c'est peut-être Louis XI qui l'a voulu ainsi ; car c'est cet *honnête homme* qui a fait construire le palais de justice.

Louis XI était tellement juste que lorsqu'il s'appercevait qu'un homme s'élevait un peu au dessus des autres, crac! il lui faisait couper la tête pour le mettre au niveau commun. C'est sans doute pour celà qu'il aura supprimé la balance dans la main de Themis ; le glaive était suffisant et s'il est resté là, c'est pour prouver aux audacieux qu'il n'y a pas à plaisanter avec la justice. N'oublions pas que ce palais a été agrandi par Louis XII et Charles IX. C'est en pensant à ce dernier roi très-fort au tir à l'arquebuse, que j'entrai sous la voûte du palais et montai l'escalier qui conduit au parquet.

Là, je trouvai M Duperrou, procureur de la République à qui je me présentai, il fut d'une politesse charmante et me remit mon ordre d'écrou. Je lui demandai l'autorisation d'avoir avec moi, dans la prison, ma valise contenant du linge et quelques livres et de me permettre en outre de faire venir du dehors un repas par jour. Il me répondit que tout cela était du ressort de M. le directeur de la prison. Adressez-vous à lui, me dit-il, et dans le cas où il aurait besoin de renseignements dites lui que je me ferai un devoir de les lui donner. Je partis enchanté, me dirigeant vers la prison, bâtiment neuf construit dans la rue de Strasbourg il y a environ dix ans.

Je demandai le directeur, on m'indiqua ses appartements. Là, je trouvai un homme froid mais gracieux, je lui annonçai que j'allai devenir son pensionnaire pour 15 jours et le priai de m'autoriser à avoir une cellule, mon linge, mes livres et un repas par jour venant du dehors. Vous êtes, me dit-il, condamné pour délit de presse, cette autorisation doit vous être donnée par la préfecture ; veuillez vous y rendre, je pense que cela n'offrira pas de difficulté. Bon, me voici reparti pour la préfecture, je me fis indiquer le bureau de M. Faure, car il y a une foule de bureaux et d'employés, c'est probablement pour cela que pétitions, demandes et réclamations demeurent un temps infini dans les cartons de cette administration suprême que l'on appelle la préfecture du département.

J'arrivai enfin devant M. Faure et lui fis part de ma demande. Il faut me la faire écrite me dit-il et la faire viser par le directeur de la prison. Ouf! qu'elle belle invention que les administrations ! Surtout pour ceux qui, craignant de devenir goûteux, éprouvent le besoin de faire de l'exercice.

Je regardai ma montre, il était 5 heures et demie. Le directeur de la prison m'avait dit de rentrer au plus tard à 6 heures et demie, sans quoi je ne serais accepté que le lendemain et je voulais encore voir mon ami Moulin, économe de la pension alimentaire, une des belles institutions philanthropiques que possède la ville de Grenoble. Cet établissement a été fondé en 1848, sous l'administration de M. Thollier, maire de Grenoble. Là, il est permis à l'ouvrier, à l'employé, au voyageur de venir prendre un repas très-confortable pour un franc, un franc vingt-cinq centimes. Cet établissement, toujours prospère, il est et sera un éternel hommage rendu à ses fondateurs qui étaient des républicains. Plusieurs essais du même genre ont été tentés ailleurs et n'ont pas eu le même succès. Peut-être n'a-t-on pas trouvé partout le même zèle et le même désinteressement que l'on a rencontrés à Grenoble. Là, j'ai l'avantage de connaître un homme modeste mais d'un grand cœur et plein de dévoûment, cet homme est attaché à l'établissement depuis sa fondation, je l'ai nommé plus haut, c'est M. Moulin, l'économe. J'avais compté sur lui pour me faire passer mes repas et, je n'avais pas trop espéré de son obligeance, il me dit : aussitôt que vous aurez l'autorisation faite-moi passer un mot et chaque jour, à midi, je vous ferai porter votre repas. Je lui serrai la main et je fus chez l'ami où j'avais laissé mon petit bagage, je le pris et me rendis en prison.

J'avais dû passer par le jardin de ville, il faisait très-froid. En passant devant la statue d'Hercule je vis un bambin qui, donnant la main à sa mère, lui disait: Dis donc mère, que tient-il à la main cet homme, — c'est une massue, répondit la mère, — oui, dans une main, insista le bambin, mais dans l'autre — Ah ! dans l'autre reprit la mère véritablement embarrassée, eh bien, mon ami c'est sa bourse. C'est vrai, dit l'enfant convaincu, il ne pourrait pas la mettre dans sa poche. Au moment où ce groupe s'éloignait j'entendais encore le petit bon- homme dire : c'est égal il doit avoir bien froid cet hom- me. Le statuaire Richier ne s'est jamais douté que son œuvre ferait faire de semblables réflexions. A mon avis cette statue est trop petite pour un emplacement aussi vaste ou, plutôt, l'emplacement est trop vaste pour la statue et comme il n'est pas possible d'augmenter l'une ou d'amoindrir l'autre, il me semble que l'on pourrait trouver un emplacement plus convenable à cette œuvre d'art qui réprésente Hercule accomplissant son dernier travail.

J'arrivai à la prison rue de Strasbourg, il était 6 heures

quarante minutes. J'entrai dans un grand vestibule et m'adressai au concierge, dont la loge se trouve à droite en entrant. Après avoir vu mon billet d'écrou il fit signe à un gardien de la prison qui prit le billet, me fit traverser une grande cour, ouvrit deux portes en fer et me fit entrer dans un compartiment grillé qu'il referma sur moi ; je me trouvai seul avec ma valise. J'examinai l'emplacement où je me trouvais et que j'ai su depuis être le parloir, je vis qu'il était divisé en trois compartiments par deux grilles de 5 pieds d'élévation. Le compartiment le plus rapproché de l'entrée est destiné aux visiteurs, celui du milieu dans lequel se trouve deux fauteuils, est destiné aux gardiens qui écoutent la conversation du détenu et des visiteurs ; et, le compartiment dans lequel on m'avait enfermé est celui destiné aux détenus. Je regardai autour de moi et j'aperçus dans l'ombre deux personnes qui se trouvaient assises dans le compartiment des visiteurs, je les entendis causer ; c'était un gardien et sa femme. Au fond de mon compartiment se trouvait un lit, je jugeai que ce lieu devait servir de poste de nuit. Tout au fond se trouvait, contre le mur, un Christ d'assez belle dimension, ce qui me rappela que Dieu avait fait mourir Dieu pour apaiser Dieu, comme disait Diderot.

Au bout d'un instant on m'ouvrit et de l'autre côté du vestibule je vis un bureau dans lequel se trouvait un homme déjà âgé qui me fit signe d'entrer. J'avais laissé au concierge une lettre qui n'était autre que ma demande d'autorisation à la Préfecture et je l'avais prié de la remettre au directeur pour qu'il la visât et la fît porter ; le concierge avait remis cette lettre au gardien chef qui en avait pris connaissance, c'est lui qui me faisait signe d'entrer dans son bureau.

Vous voudriez être à la pistole me dit-il, mais il est tard, il n'y a pas de cellules de préparées vous feriez mieux de revenir demain. Non, lui dis-je, je veux sortir le 31 c'est aujourd'hui le 16, je tiens essentiellement à commencer ce soir ma captivité. Soit, dit-il, mais puisque vous voulez être seul, je vous préviens que le lit sera dur et que vous n'aurez pas trop chaud. N'importe repartis-je, ce sera toujours aussi tendre que le pont d'un navire et comme j'en ai eu souvent pour matelas j'y suis accoutumé. En route, dit-il à deux gardiens, là présents, et dont l'un avait une lanterne. On me fit entrer de nouveau dans le parloir ; là on me fit vider toutes mes poches, quitter ma montre enfin tout ce que je possédais, on mit le tout avec ma valise dans un coin et mes deux gardiens m'emmenèrent ainsi dévalisé. Ils ouvrirent deux immenses portes en fer et j'entrai dans un vaste couloir qui n'était qu'un des côtés latéraux du bâtiment principal ; arrivé au milieu du couloir nous prîmes un escalier à droite et nous montâmes au premier où nous parcourûmes une galerie ouverte qui conduit à de vastes corridors ; là il y avait des portes à distance les unes des autres armées d'énormes serrures ; au dessus de chaque porte était inscrit un numéro sur le mur. Nous nous arrêtâmes devant le n° 54, on ouvrit la porte et j'entrai dans une cellule ayant trois mètres de large sur quatre mètres et demi de long, et environ 4 à 5 mètres d'élévation. A droite en entrant se trouvait une espèce de petit buffet que l'on ouvrit pour m'indiquer un vase bien connu. En face de la porte, à hau-

teur d'homme, se trouvait, au fond de la cellule, une
fenêtre donnant sur des cours et faisant face à un autre
corps de bâtiment de la prison. Cette fenêtre était armée,
en dehors, d'énormes barreaux de fer.

A gauche, se trouvait une espèce de lit dont je ne me
rendis pas bien compte tout d'abord à la lumière vacil-
lante de la lanterne et que je ne pus bien définir que le
lendemain. Ce lit me parut excessivement étroit 0,60
centimètres au plus; un gardien le découvrit et refer-
mant la porte tous deux disparurent. J'avais remarqué
qu'il n'y avait pas de chaise; seulement en face du lit
il y avait une table et une cruche pleine d'eau dessus.
Je mis mon chapeau sur la table, mes habits sur le lit
car il faisait un froid très-vif (dix degrés environ au
dessous de zéro), et je me couchai.

Mais là, j'eus un problème difficile à résoudre c'était de
me tenir en équilibre sur cette paillasse cylindrique
étroite et remplie de paille de blé, je risquais toujours
de choir d'un côté ou de l'autre; j'étais couché à peu
près comme sur un arbre placé horizontalement; j'eus
bientôt pris mon parti, j'embrassai l'arbre factice avec
mes bras et mes jambes, et ramenant mes deux couvertures de bure sur mon dos, je me mis à dormir comme
sur un lit de plumes; il était sept heures du soir. Lorsque je me réveillai, minuit sonnaient à l'horloge d'une
église voisine, j'étais presque cristallisé par le froid,
mes couvertures ne me venaient plus qu'au bas des
reins, j'avais tout le haut du corps découvert, je voulus
tirer les couvertures, elles résistèrent, je jugeais alors
qu'il me fallait me rapprocher d'elles, et entraînant avec
moi une espèce de sac rempli de paille de blé qui me

servait de traversin, je m'enfonçai sous les couvertures
n'osant plus alonger les jambes tellement j'avais froid.
A partir de ce moment je comptai toutes les heures
jusqu'à cinq heures du matin ; je m'endormis de nouveau et fus réveillé brusquement à 6 heures et demie
par le bruit de la clé dans la serrure et l'entrée d'un
gardien qui me dit : Sortez votre vase dehors et votre
cruche, je me levai et me rendis à cet ordre.

En me levant je m'étais apperçu que je n'avais plus
sur moi de couvertures, elles avaient glissé le long de
cet espèce de tuyau et étaient tombées au pied du lit.

Je m'habillai à la hâte, au bout d'un instant on me
rendit ma cruche pleine d'eau et mon vase vide et la
porte fut refermée. Le jour paraissait et le froid devenait plus intense, comme il arrive toujours lorsque les
rayons solaires commencent à pénétrer l'atmosphère.
Je me mis à exécuter une danse vive et animée pour
provoquer la châleur par le mouvement ; après un instant de cet exercice je commençai à me sentir les extré-
mités digitales. C'est alors que je considérai attentivement cet instrument de supplice auquel on avait donné
le nom de lit. Figurez-vous trois planches de 15 à 20
centimètres de large sur 2 mètres de long reposant, l'une
à côté de l'autre, sur deux supports en fer dont l'un plus
élevé que l'autre sert de têtier au lit ; ce dernier possède
une traverse à la hauteur de l'autre support ; les trois
planches horizontalement placées reposent là-dessus.
Sur les planches on avait placé une espèce de sac ou
tuyau en toile, bourré à outrance de paille de blé, et
surtout bourré du côté de la tête, ce qui faisait que la
partie correspondant aux pieds inclinait beaucoup, à peu

près comme un cercueil ; ce boudin garni de paille était recouvert d'un drap en coton ; à la tête un petit sac plein de paille servant de traversin et le tout recouvert d'un autre drap en coton et de deux couvertures. Voici ce que l'on appelle un lit dans la prison de Grenoble. Je me mis à arpenter ma cellule en longueur de façon à ne pas perdre la chaleur que j'avais. En regardant partout dans cette étroite chambre j'apperçus deux bouches de chaleur devant communiquer à un calorifère de la maison. Sauvé ! me dis-je, tu ne gèleras pas encore cet hiver. J'approchai mes mains des bienfaisantes bouches de chaleur, mais je m'apperçus bien vite qu'elles ne donnaient pas de chaleur du tout, et que s'il y avait un calorifère il avait trouvé un autre débouché à son calorique. Le froid devint si intense que sentant mes pieds glacés, je quittai mes bottines et me fourrai tout habillé sous mes couvertures en ayant soin auparavant de danser fortement sur le boudin afin de l'applatir un peu. J'étais à peine recouché que l'on ouvre la porte de ma cellule et je vois entrer un gardien et un prisonnier vêtu du costume de la maison et armé d'un balai. Ces gardiens entrent chez vous sans frapper et sans crier gare. On se trouverait dans la situation de Catherine II de Russie lorsqu'elle mourut (sur la chaise percée) que ce serait la même chose, ils entrent. Je sautai à bas du lit, je remis mes bottines et demandai au gardien si le calorifère n'enverrait pas de chaleur dans la journée. Oh ! non me dit-il il y a longtemps qu'il n'en donne plus ici ; il n'y a que le rez de-chaussée de chauffé et les dortoirs. Le bâtiment est trop vaste, le calorifère était insuffisant. Je lui demandai si je pouvais parler au directeur, il me dit : à neuf heures du matin vous pourrez lui parler ; il était alors huit heures. Le prisonnier qui était entré dans ma cellule avait arrosé et balayé en un clin d'œuil. La porte se referma, j'avais un peu plus froid qu'auparavant parce qu'il avait fallu ouvrir la croisée pour balayer, je m'empressai de la refermer et je m'apperçus que l'eau avec laquelle on avait arrosé était cristallisée par terre, je me recouchai recroquevillant mes jambes sous mes couvertures.

A neuf heures on vint ouvrir ma porte et me dire de descendre ; le directeur était arrivé et voulait bien m'entendre.

Je ne me le fis pas dire deux fois, je descendis escorté de mon gardien qui me conduisit dans le bureau du gardien-chef, celui que j'avais vu la veille. Au milieu de la chambre se trouvait un poële tout rouge et devant le poële M. le directeur qui me dit : Eh ! bien, Monsieur, que désirez-vous ? Vous vouliez une cellule on vous en a donné une, si vous voulez votre valise je vais vous la faire remettre.

Pardon, Monsieur, interrompis-je, mais tout me sera inutile si je n'ai pas la possibilité de me réchauffer, il n'est pas possible de rester dans une cellule sans feu par le temps qu'il fait, j'ai l'envie d'écrire, mais pour écrire il ne faut pas être gelé. Mais, me dit-il, vous aviez dit hier à Monsieur que vous ne craigniez pas le froid, et il désignait le vieux gardien-chef, qui, avec sa figure de Méphistophélès, avait l'air de rire dans sa moustache blanche. Je compris que ce vieux là s'était amusé à mes dépens et je répondis au directeur : Monsieur, j'ai dit hier soir que je ne croyais pas que le lit

fut dur, mais quant au froid je le crains comme tout
homme et si vous ne pouvez pas me donner de cellule
chauffée je vous demanderai de me mettre avec les
autres prisonniers au moins la situation sera supporta-
ble.

Avez-vous une chambre où l'on puisse mettre un
poële demanda-t-il au vieux sournois. Il n'y a qu'un
dortoir qu'il faudra débarrasser répondit le greffier et
l'on y mettra un poële, mais à vos frais me dit-il. —
Oui, oui, c'est bien je payerai et je demandai à M. le
directeur l'autorisation de faire venir mon dîner de la
pension alimentaire. Il me permit d'écrire pour cela à
mon ami Moulin, ajoutant : je prends cela sur moi car
votre lettre de demande va partir seulement à présent
pour la préfecture. Je lui remis la lettre à M. Moulin et
mon gardien me reconduisit dans ma glacière. — J'avais
bien la certitude d'avoir une chambre et un poële, mais
quand ? je l'ignorais ; enfin l'espoir me fesait prendre
patience. Au moment ou j'entrais dans ma cellule un
détenu arriva déposer sur ma table une gamelle en fer
battu pleine de soupe et la moitié d'un pain de munition, à côté de tout cela il déposa une petite spatule en
bois d'un travail tout à fait primitif et décoré du nom
de cuiller. Le pain est affreux et très-mauvais.

La porte se referma et je me trouvai seul avec mon
potage, mon demi pain de munition et ma cruche pleine
d'eau que je déposai à terre parce que sa vue me gênait
sur la table. J'examinai ce potage, il y avait force lé-
gumes, choux, poireaux, pomme de terre, il y avait
même des fèves ; je le sentis, je le goûtai, il n'était pas
très-désagréable, le pain qui trempait dedans était visi-

blement de même qualité que celui qui était sur ma
table. Le potage était chaud c'était une qualité, mais il
avait un goût dominant dont je ne pouvais pas trouver
l'origine. Au bout d'un instant, je finis par être convaincu
que c'était celui de la graisse qui avait tenu lieu de beurre.

A dix heures du matin j'entendis beaucoup de bruit
dans la pièce voisine de la mienne, je frappai avec le
doigt pour m'assurer de l'épaisseur de la cloison, c'était
un mur et de tous côtés il en était de même; je ne
savais à quoi attribuer ce remue-ménage, j'entendais
remuer les lits, verser du charbon, tisonner le feu.
Enfin à onze heures on vint m'ouvrir et me dire que
j'avais à côté de ma cellule une pièce dans laquelle je
pouvais faire élection de domicile, j'y entrai et je vis
une grande pièce de 4 mètres de profondeur, sur 7 de
largeur munie d'un petit poêle à bois bien chaud. Il y
avait en outre un lit, une table et une chaise, je dois
avouer que le lit en fer qui garnissait cette pièce était
un peu plus large que mon premier chevalet, il avait
bien 65 centimètres de largeur. Je vis qu'il était muni
d'un matelas et d'un oreiller c'était du luxe relative-
ment à ce que je quittais. Le gardien me dit que je
pouvais descendre avec lui chercher ma valise, c'est ce
que je fis, je m'installai donc dans cette chambre qui
avait trois croisées de front donnant sur les mêmes
cours que j'avais déjà vues de mon précédent logis.
J'étalai mes livres sur le lit, je bourrai le tiroir de la
table de papiers, de plumes, de boîtes d'allumettes. Enfin
on m'apporta bientôt après ma montre, mon couteau,
ma pipe, mon argent et un petit papier contenant à peine
pour quatre sous de tabac. J'eus bien du regret de

n'avoir pas bourré ma valise de cigares ou de tabac, mais on ne pense pas à tout.

Le gardien me dit : Monsieur vous avez 25 kilogs de bois, et 25 de charbon, veuillez prendre cela en note. Il referma la porte et ne revint qu'à midi accompagné d'un détenu qui apportait mon dîner dans un panier cylindrique. Le détenu et le gardien disparurent, et je me trouvai seul en face de mon panier et de mon poêle. C'était le mercredi 17 décembre à midi.

Vous croyez que l'on est bien mal quand on se trouve seul avec un dîner et du feu, par cela même qu'on est en prison ? mais non, je ne trouve pas. Il y avait long-temps qu'il ne m'était arrivé de vivre seul avec moi-même. Autrefois, quand j'avais dix-huit ans, j'aimais courir la montagne, seul, la gourde au côté avec un crouton de pain et de fromage, un bon livre dans ma poche, j'escaladais les monts et les bois jusqu'à ce que je me trouvasse sur quelque plateau dominant un beau paysage ; alors là, je m'asseyais, je me parlais, j'inter-rogeais la nature, tout ce que mon tempéramment avait de superflu débordait, je pouvais dire là, tout seul, ce que je n'aurais jamais osé dire à aucun de mes sembla-bles.

Je peux le dire ici en toute sincérité, j'ai rencontré peu d'hommes qui aient eu les sensations aussi vives que je les ai eues. J'ai aimé très-jeune et longtemps, je n'ai jamais pu dire à l'objet aimé tout ce que je res-sentais tellement je me trouvais différend des autres hommes et souvent cette continence morale agissant sur le physique m'a dû rendre bien ridicule auprès de celles qui m'ont accordé leurs faveurs.

Oui, j'aimais la solitude et alors je repassais dans ma
mémoire tous les sentiments que j'avais éprouvés. J'ad-
mirais avec enthousiasme ce tableau inimitable de notre
bonne mère la nature, je voyais les hommes bien petits,
j'étais seul à croustiller mon morceau de pain, je gam-
badais tout à mon aise, je lisais, et je revenais à la ville
content et joyeux comme quelqu'un qui revient d'une
partie fine. En effet j'avais eu un tête à tête avec le
tout et j'étais si peu.

Je me souviendrai toujours qu'un jour étant à Bône
(Afrique) en 1852, on me parla des ruines d'Hyppone
et du tombeau de St-Augustin qui se trouve à peu de
distance de la ville de Bône, (environ 3 kilomètres si
je me souviens bien).

Je m'empressai de terminer mes affaires et le lendemain matin je pris ma canne et me dirigeai le long
d'un cours d'eau garni de lauriers roses et conduisant
aux ruines d'Hyppone.

J'ai bien du regret de n'avoir pas dans ma cellule le
carnet ou j'écrivis mes impressions — car j'ai conservé
tous mes carnets — J'avais alors 19 ans. La maison
pour laquelle je voyageais croyait que j'avais 22 ans et
je les paraissais.

Il m'est impossible de dire ce que je ressentis lorque
je me fus assis au pied de la statue de St-Augustin qui
domine les ruines. De ce point la vue s'étendait à l'infini, car l'horison seul bornait la Méditerranée. A ma
droite se trouvait le ravin au fond duquel coulait le
ruisseau que j'avais suivi. J'appercevais à mes pieds la
ville de Bône, très-coquettement appuyée sur deux
mamelons; à ma gauche un petit golfe dominé par le

fort génois et devant la ville, la mer baignant amoureu-
sement cette petite cité, dernière ville française bordant
la Tunisie.

Nous étions au mois de mai, presque l'été dans ce
pays superbe. L'émanation énivrante des lauriers roses
montait jusqu'à moi ; les oiseaux chantaient et jouaient
alentour ; ma vue se reposait avec un charme infini
sur ce tableau toujours nouveau de la mer baignant les
côtes.

Le blanc intense des minarets me renvoyait la lumière dans les yeux et me forçait à porter mes regards
sur cette nappe qui réfléchit un ciel toujours bleu. Les
embarcations des pêcheurs se voyaient au loin et res-
semblaient à des mouettes rasant l'onde. Je serais demeuré indéfiniment en contemplation si je n'avais apperçu à l'horizon et tout à fait sur la ligne bleue, qui
sépare le ciel de l'onde, une légère fumée noire se dé-
tachant du tableau. C'était le courrier de France ; mon
cœur bondit, j'attendais des nouvelles de quelqu'un qui
est aujourd'hui la mère de mes enfants, je me levai en
sursaut, je pris une petite pierre à côté du piédestal de
St-Augustin, je la mis dans ma poche, comme eut fait
un anglais, et, mon bâton à la main, je regagnai la ville.
C'est vous dire, mes bons amis, que ceux qui m'ont im-
posé quinze jours de solitude ne peuvent pas mesurer
l'étendue du bonheur que j'ai éprouvé en me retrouvant
seul, mais bien seul avec moi-même : il y avait bien
vingt ans que cela ne m'était pas arrivé. J'avais à faire
l'inventaire de tout un passé ; ma conscience l'exigeait
et si vous avez écouté la vôtre quelquefois, chers lecteurs, c'est un juge sévère, plus sévère souvent que

ceux qui nous condamnent à des peines afflictives c'est vrai, mais qui ne nous affligent jamais autant qu'un reproche de notre conscience.

J'ai donc fait cet inventaire, et j'ai trouvé à ma satisfaction que la somme de bien dépassait celle du mal.

J'ai conclu, de là, qu'il fallait continuer tant que j'aurais de vie puisque nous sommes ici pour améliorer l'espèce en nous améliorant nous-mêmes.

Ne voulant rien emporter, je ne tiens pas aux richesses. Pourvu que j'aie appris à mes enfants à se rendre utiles c'est tout ce que je désire, et comme en pensant à mes enfants j'étais sur le point de devenir triste, je sortis du panier aux provisions les trois plats que m'envoyait mon ami Moulin, j'y trouvai entr'autre un grattin de macarroni de *primo cartello*. Je n'en ai jamais mangé de semblable qu'à Sassari dans le nord de l'île de Sardaigne. Si jamais vous allez dans ce pays munissez-vous d'un bon révolver et descendez à l'hôtel d'Italie, on y vit très-bien. Là vous entendrez cinquante fois par jour appeler : Paolo ! — *Subito* ! répond Paolo, et Paolo descend tellement *subito* que vous avez le temps de faire dix fois la commission dont vous vouliez le charger. J'attaquai donc vigoureusement les macarronnis et pour égayer la situation je cherchais parmi mes bouquins l'immortel Alcofribas Nazier ou Rabelais si vous préférez. Lorsque je crains de devenir triste je prends Rabelais et tout en m'instruisant, car il est très-profond et très-érudit, je suis certain de *m'esclaffer* de rire, tout seul, et de bon cœur ; je ris quelquefois à me tordre les côtes, absolument comme à Voiron lorsque je vois passer un

de ces gros bonnets, — ce que nous appelons des têtes
de fer blanc, — qui daignent honorer Voiron de leur
présence. (Pour l'intelligence des abonnés au *Figaro*,
une tête de fer blanc brille beaucoup et n'a rien dedans.

Ma lecture et mon dîner achevés je me suis dit : mon
ami, économise ton tabac il faut en avoir au moins
jusqu'à dimanche. En effet, j'en ai religieusement fumé
une pipe par jour après mon dîner, et le dimanche 21
décembre je fumais la dernière. Toute chose a une fin,
voire même un paquet de tabac de 20 centimes.

Pour ne pas m'ennuyer je commençai par me tracer
de la besogne ; car je vous l'avoue je m'ennuie à mourir lorsque je ne fais rien, et lorsque je gagne de l'argent, au lieu de le placer pour vivre de mes rentes plus
tard comme tant d'autres, me voilà au contraire parti à
la découverte de quelque invention qui me fait à coup
sûr dévorer, en cherchant, ce que j'avais péniblement
amassé. Chacun a ses défauts, moi je connais les miens
parce que je m'observe et j'ai suivi toujours le précepte
du bon papa Montaigne. « Si tu veux connaître les hommes, connais-toi toi-même. » Je commençai donc par
me dire : Tu écriras l'histoire de la satire et le procès.
Voici un petit ouvrage qui te tiendras bien six jours.
Ensuite tu écriras tes 15 jours de prison afin que ceux
qui n'y ont jamais passé puissent en avoir un aperçu ;
ça, c'est donc l'affaire de deux jours ou trois au plus.
Six et trois font neuf, il faut bien deux jours pour relire,
corriger et surtout éviter de se faire *corriger* (je m'en-
tends) ; cela fait onze jours. Pendant les quatre derniers
jours tu ébaucheras un contrat social sous forme de

pamphlet ce sera toujours un jalon de planté, si, plus tard, tu peux terminer cette étude sociale tu le feras, mais ébauche d'abord le canevas puisque rien ne te dérangera. Ainsi fut arrêté. Je pris mon encrier une bonne plume et du papier. J'ai donc commencé mercredi dix-sept décembre, l'histoire de ma satire. Il était quatre heures de l'après-midi lorsqu'on m'apporta une soupe et un demi pain de munition. Comme vous le pensez bien, j'ai renvoyé soupe et pain de munition, mon dîner me suffisait largement avec ma demi-bouteille dont j'avais gardé un peu pour le soir ainsi qu'un peu de pain blanc et du fromage de gruyère.

A quatre heures et demie il faisait nuit et j'entendis que l'on faisait rentrer tous les prisonniers dans les dortoirs. A cinq heures deux gardiens ouvrirent ma porte, ils avaient une lanterne et faisaient la ronde, je leur demandai si je pourrais avoir une bougie en payant. On m'en apporta une et l'on me recommanda de l'éteindre à huit heures au plus tard.

Je tisonnai mon poêle et je fis le tour de ma chambre. Contre la porte se trouvait une pancarte ainsi conçue :

Maison d'arrêt, de justice et de correction de Grenoble.

Tarif de la pistole.

Les fournitures, dites de pistole, à louer aux prévenus et accusés spécialement autorisés, consistant en meubles, linges et effets de literie, seront faites par l'entrepreneur des services économiques aux prix ci-dessous indiqués :

Savoir :

Une chaise en paille.	0,01	
Une table avec tiroir.	0,02	
Un pot à eau avec cuvette.	0,02	
Une serviette propre tous les samedis.	0,02	
Une paire de draps de lit tous les 25 jours.	0,04	
Une paillasse.	0,02	0,20
Un matelas.	0,02	
Un traversin.	0,01	
Un oreiller avec taie.	0,02	
Une couverture en laine.	0,01	
Une couverture en coton.	0,01	

NOTA. — Chaque objet demandé en plus de ceux ci-dessus désignés seront payés 0.05 centimes par jour, et la semaine entamée sera toujours payée entière.

Grenoble, le 1er juillet 1869.

Pour extrait et copie conforme,
Le directeur des prisons du département de l'Isère,
LACASSAGNE.

Pour le Préfet de l'Isère empêché,
Le Secrétaire-Général,
Signé : GUERBOIS.

Je profitai de cette pancarte pour établir mon compte de dépense :

J'avais déjà par jour	0,20
10 k. de charbon environ à 3,50 les 100 k.	0,35
Bougie	0,10
1 Repas	1,50
C'était donc par jour	2,15

soit pour 15 jours 32 fr. 25 c. En été j'eusse économisé 0,45 cent. par jour de charbon ou de bougie.

Je m'installai devant mon poële, et je lus jusqu'à huit
heures. Lorsque vint le moment de me coucher je me
souvins d'un vieux proverbe qui dit : « Comme on fait
son lit on se couche » et je voulus savoir si la paillasse
du second lit, quoique un peu plus large que celle du
premier était bourrée de la même manière. En effet, ils
ont la manie, dans cet établissement, de vous fourrer une
paillasse cylindrique de façon a ce qu'on soit obligé de
faire des efforts d'équilibre pour tenir dessus, je commençai à trépigner sur la paillasse et lorsque, à l'instar
des galinacées, j'eus fait mon trou, je remis matelas et
couvertures et je me couchai. Je rattrapai le temps
perdu et dormis profondément jusqu'au lendemai, sans
même être réveillé par la ronde de nuit qui entre dans
toutes les cellules le soir à dix heures.

Le lendemain matin à six heures et demie, première
visite pour vider les eaux. A neuf heures et demie on
m'apporta la soupe et le pain que je ne mangeai pas. A
midi on m'apporta mon dîner auquel je fis honneur. A
quatre heures nouvelle soupe et nouveau pain que je ne
mangeai pas, et ainsi de suite chaque jour. On remar-
quera que l'ordinaire fourni par la maison se compose
de deux soupes par jour et d'un pain de munition de
500 grammes. Les prisonniers qui vivent en commun
sont vêtus en laine grise avec souliers ou sabots selon la
saison. Ils peuvent dépenser trente-cinq centimes par
jour à la cantine, s'ils ont de l'argent, et acheter des
œufs ou des pommes de terre frites. Le jeudi et le dimanche on leur sert du ragoût de mouton ou du bœuf
bouilli.

J'arrivai donc jusqu'au samedi sans incident lorsque

ce jour là, à onze heures on vint me chercher me disant qu'une visite m'attendait. En arrivant au parloir j'aperçus deux bons amis, Messieurs Boissier et Guidy, nous causâmes un moment ; je leur dis que j'avais souffert du froid et que ma chambre étant très-grande, mon poële très-petit j'avais souvent froid aux pieds et je les priai de m'acheter des chaussons, ce qu'ils firent, car quelques heures après les avoir quittés, pour rentrer dans ma cellule, on m'apportait des chaussons fourrés.

Le même jour, à quatre heures du soir, on me fit descendre au bureau pour prendre mon signalement (depuis le mardi on n'y avait pas pensé, mais la veille du dimanche il y avait une raison). Après m'avoir demandé les noms de mon père, de ma mère, les miens; si j'étais marié, si j'avais des enfants, on me demanda si je savais lire et écrire, je répondis : c'est probable puisque c'est pour avoir écrit que je suis ici. Ah ! très-bien fit l'employé, et il se mit à écrire en disant haut : Sait lire et écrire, est catholique. Ah ! mais non je ne suis pas catholique. Vous êtes ? Protestant, répondis-je, très-protestant. C'est bien, Monsieur, merci me dit le commis-greffier, en prenant le signalement de mes vêtements, et me congédiant.

Heureusement j'avais été prévenu avant d'entrer en prison, et si je m'étais déclaré catholique, il m'aurait fallu choisir entre la messe et le cachot. Il ne faut même pas être libre penseur, sans cela vous êtes considéré comme catholique, alors la messe ou le cachot.

En disant que j'étais protestant je ne mentais pas, car je proteste de toutes mes forces contre pas mal de turpitudes que je ne nomme pas, bien entendu, et pour cause.

La religion que l'on impose ainsi par force me paraît peu solide et si elle a beaucoup de pratiquants, je suis persuadé qu'elle a peu de croyants.

Le dimanche matin j'entendis de bonne heure descendre les prisonniers, et de 8 à 9 heures j'entendis de ma cellule les chants en latin de Messieurs les prêtres qui s'évertuaient à qui mieux mieux et faisaient retentir les voûtes de leurs puissantes voix.

A les entendre je supposai qu'ils avaient un ordinaire plus confortable que les 200 prisonniers qui les écoutaient.

Le dimanche s'écoula comme les autres jours, sans différence pour moi qui écrivais de 9 heures à midi et de 2 heures à 5 heures. Le mardi à 3 heures de l'après-midi, je reçus la visite de M. Backoffen, brave et digne homme qui a fait l'éducation musicale de ma petite fille. Quand j'aperçus sa tête blanche, je pensai de suite qu'il avait été lui aussi prisonnier politique en 1852, lorsqu'il s'agissait de semer la terreur chez les républicains. Il n'est pas riche, le brave homme, mais il a une monnaie au cœur que tous les hommes ne possèdent pas, et sous sa vieille armure il cache un fond inépuisable d'affection et de reconnaissance, aussi cette visite me fut doublement sensible; il m'apportait des nouvelles de ma femme et de ma petite fille, tout le monde se portait bien, seulement ce n'est pas à moi qu'on avait fait le plus de mal en me condamnant à 15 jours de prison, c'était aux miens. C'est toujours ce qui arrive pour les **délits de presse.**

Ainsi, dernièrement, M. Duportal, de Toulouse, le courageux écriva'n, a perdu son épouse pendant qu'il était sous les verroux ; il est évident que sa condamnation n'a pas dû ramener la santé à Madame Duportal, en admettant qu'elle fut déjà malade lors de sa condamnation.

Enchanté d'avoir des nouvelles des miens, je remontai lans ma cellule. En route, j'apperçus au travers des vitraux du rez-de-chaussée des prisonniers qui faisaient des cabas en paille. J'appris que les cabas et les balais étaient les deux industries exploitées dans la prison.

Le même jour, j'eus encore la visite de MM. Humbert, conseiller municipal, et Genest, architecte, de Voiron, deux bons amis.

J'ai oublié de dire que, le samedi, j'avais fais passer une lettre à M. le Directeur de la prison, lui demandant s'il me permettrait d'introduire dans ma cellule mon violon et mes études. Ayant depuis environ quinze ans l'habitude de me distraire avec cet instrument, je ressentais un vif désir de .nonter quelques gammes ou de filer des sons, et si l'on m'avait accordé cela, ô alors, ce n'éta't plus une captivité. J'avais déjà avec moi Boileau, La Bruyère, Montaigne, Rabelais, etc. Si j'avais pu avoir Baillot, Kreutzer, Rode, Viotti, Alard, Dancla ! mais j'eusse été au paradis terrestre pour quinze jours ; seulement, il est à supposer que l'archet aurait marché un peu plus que la plume, et ma foi, des sons, autant en emporte le vent, tandis que : Penser, c'est bien, écrire, c'est mieux ; faire imprimer est excellente chose, comme dit Courrier.

Le lundi matin 22 décembre, j'eus la visite de M. le

Directeur, qui me dit : Vous m'avez fait une demande ;
si vous étiez condamné pour un autre délit, je verrais ce
que j'aurais à faire ; mais tout délit de presse est du
ressort de la préfecture ; il vous faudrait faire une nouvelle demande en autorisation, et notez que la première
que vous avez faite, il y a sept jours, pour vos aliments,
ne m'est pas encore revenue de la préfecture avec
autorisation. J'ai donc pris sur moi de laisser passer
votre dîner et de vous accorder vos effets. Il ajouta :
Vous avez exécuté la moitié de votre peine, patientez
ainsi, le reste sera bien vite écoulé. Je le remerciai et
nous causâmes un instant. Il me parla de H. Martin, de
L. Blanc, de Delescluze et de beaucoup d'autres autorités
politiques qu'il avait connues étant greffier à Mazas.
Nous allions causer de l'Amérique, qu'il a habitée,
lorsque notre entretien fut interrompu par le greffier
qui vint le demander. Je regrettai beaucoup le départ
de cet homme qui me fait l'effet d'être juste tout en
étant sévère. Depuis ce moment, j'ai continué ma vie
habituelle. Une grande distraction pour moi, c'est les
gardiens. Ils changent chaque jour ; comme ils sont
sept pour ce service, cela fait que je vois chaque jour
une figure nouvelle. Les uns sont causeurs, les autres
ne le sont pas. Les Corses abondent, c'est là qu'ils font
leur stage pour entrer dans la police.

J'ai bien ri, un jour. Un jeune gardien m'apporte mes
lettres et me dit quelques paroles. Un Corse a beau
parler le meilleur français, je le reconnais entre mille,
et je reconnus naturellement celui-ci, à qui je demandai
s'il n'était pas des environs de Sartène ; il me regarda
d'un air surpris et me dit : D'où me reconnaissez-vous ?

Je lui répond's qu'en l'entendant parler, j'avais reconnu
qu'il était de ces parages, qu'autrement je n'avais jamais
eu l'*honneur* de le rencontrer. Le lendemain, c'était
encore un Corse, et je le lui dis; il se mit à rire. Je
compris que son compagnon avait dû lui dire : « Mon
cher, il y a le locataire du 55 (c'est le numéro de ma
cellule) qui a vu les Corses de près, on ne peut pas dire
deux paroles sans qu'il s'apperçoive de notre origine. »
O oui, mes petits, je suis payé pour les connaître, les
Corses ; j'ai fréquenté 15 ans l'île (quatre fois par an).
J'y ai connu *quelques* hommes *probes* et de grand cœur ;
mais la masse, la généralité m'a laissé une bien pénible
impression. Que d'orgueil et de bassesse tout à la fois !
Et cependant ce peuple a une fierté naturelle qui devrait
l'amener à s'émanciper par le travail ou l'étude ; mais
le premier empire les a atrophiés et le troisième les a
dégradés.

Sous ce dernier empire, ils grimpaient tous à l'échelle
gouvernementale, se tenant par la main ; toutes les
administrations en regorgeaient et les neuf dixième de
la police étaient composés de Corses. Ce petit département, qui coûtait quatre millions par an d'entretien à la
France, lui fournissait encore une armée d'employés
qu'il fallait nourrir. Non, je l'avoue, la Corse n'a pas
mes sympathies, et si nous devions faire un cadeau à
l'Italie, un jour, j'avoue que, s'il m'était permis de dire
mon avis, j'offrirais gracieusement la Corse, et je croi-
rais faire faire une excellente affaire à la France et un
piètre cadeau à nos voisins. Ceux qui croiront que j'exa-
gère en disant que la Corse coûtait quatre millions par
an à la France, sous l'empire, n'ont qu'à me le dire ;

j'ai à leur disposition un brochure écrite par un percepteur qui a habité 7 ou 8 ans le pays ; j'ai mieux, j'ai
une réponse faite à cette brochure par Louis Fabbiani,
de Bastia, réponse qui n'a convaincu personne. Bien
mieux, je suis persuadé qu'elle nous coûte encore cela.

Le mercredi 24 décembre, veille de la Noël, je n'avais
plus de charbon ni de copeaux ; dans l'après-midi, je
priai le garde de m'en faire monter, il me dit oui, mais
personne ne vint. Le jour de la Noël, on ouvrit de très
bonne heure pour les eaux, on referma et je ne vis plus
personne ; mais à 8 heures du matin, j'entendis des
voix de femmes chantant un cantique et des voix d'hommes qui prenaient au refrain. Prisonniers et prisonnières
étaient tous à la messe et chantaient à qui mieux mieux.
Quelques instants après, un garde vint et me dit :
M. Favre, si vous voulez venir à la messe, vous le pouvez, quoiqu'elle soit commencée. Merci, lui dis-je, vous
êtes bien bon, vous savez bien que je suis protestant.
Il sourit et allait sortir lorsque je lui dis de me faire
monter du charbon, j'étais sans feu et ne pouvais pas
écrire. Aussitôt après la messe, me dit-il, et il partit.
J'entendis chanter soit les prisonniers, soit les prêtres,
jusqu'à 10 heures. A ce moment on m'apporta un potage gras. La gamelle n'était pas belle, mais le potage
était excellent. A midi, on m'apporte mon dîner, j'étais
toujours sans feu et j'eus beau en demander, je n'en
obtins que le soir à 4 heures. Je fouillai dans le panier
aux provisions, j'y trouvai un morceau de filet, un morceau de dinde de la *poigne aux herbes,* régal dauphinois
(que je ne peux pas avaler peut-être parce que je ne
suis pas Dauphinois). Je trouvai beaucoup d'autres bon-

nes choses et je reconnus la main d'un ami, même de plusieurs dans le choix de ces aliments. J'y fis honneur, mais j'aurais encore mieux dîné si j'avais eu du feu, je sautais à cloche-pieds pendant mon repas ; j'ai toujours pensé que c'était le vieux Méphistophélès qui me punissait à sa manière parce que je n'avais pas voulu voir de près les belles décorations de l'église.

J'ai trouvé que c'était déjà bien assez d'entendre les chants forcés des malheureux. Assurément quand les prisonniers et prisonnières sortent de là, il doivent être de petits saints, à en juger par les messes et les vêpres qu'on leur administre, car il y a les vêpres chaque dimanche de une heure et demie à trois heures.

Eh bien ! à mon avis, ce qu'il y a encore de plus salutaire que toutes les messes, c'est l'école, (il y a une école) et le travail. Et je suis persuadé que si on les instruisait un peu plus, et qu'on leur fît un peu moins faire de génuflexions et chanter de cantiques, leur moralité s'en trouverait beaucoup mieux.

A présent, j'ai donné mon avis, et je sais que ce n'est pas celui de tout le monde.

Depuis hier, j'ai terminé l'histoire de ma première satire. Aujourd'hui vendredi 26 décembre, on me fit descendre à 4 heures du soir pour voir des visiteurs. Arrivé au parloir, je trouvai nombreuse compagnie. Je ne sais si les autres prisonniers éprouvent pareil plaisir lorsqu'on les vient voir ; mais moi, qui n'ai rien à me reprocher, j'éprouve dans ces moments une sensation indéfinissable de reconnaissance et d'affection pour ceux qui viennent m'apporter un souvenir. Cette marque d'estime et d'amitié fortifie et fait du bien. Je trouvai donc

au parloir MM. Boissier Guidy, Lambert et Million, de
Grenoble, ainsi que MM. Gustave Jacquemet et Gringet,
conseillers municipaux de Voiron, tous hommes de
cœur et de dévoûment. Nous causâmes longuement
quoiqu'à distance, et il fut convenu que le mercredi
suivant, jour de ma sortie, nous trouverions l'occasion
de dîner quelques-uns ensemble.

Après un bon moment d'entretien dans ce parloir qui
n'est pas gai, nous nous dîmes au revoir, et je remontai tracer quelques lignes.

Nous ne pouvons nous empêcher de dire que les temps
sont bien changés, et que tout s'est amélioré. Les prisons ne sont plus des égoûts infects comme autrefois,
tout y respire l'ordre et la propreté ; il en est de même
des hôpitaux. Si nous regardons seulement un siècle en
arrière, nous trouverons des situations tout-à-fait in-
compatibles avec notre manière de vivre actuelle.

Tout cela est du à la science, quoiqu'en disent les
défenseurs de la foi et de la royauté. Aujourd'hui, grâce
à l'hygiène qui est une science, certaines maladies tendent à disparaître et l'on guérit à peu près de tout sans
le secours des rois, voire même des écrouelles.

Il parait qu'autrefois, à Grenoble, cette affection y était
assez répandue, puisque le roi Charles VIII, se rendant
en Italie en 1494, s'arrêta du 22 au 29 août à Grenoble.
L'histoire dit qu'avant son départ, il y toucha plus de
cinquante malades atteints des écrouelles. La formule
était : *Le roi te touche ; Dieu te guérisse.* Ce n'était pas
maladroit. Si le malade ne guérissait pas on avait toujours la ressource de dire que Dieu ne l'avait pas voulu.

Voltaire disait : que si Dieu n'existait pas, il faudrait
l'inventer ; mais c'est précisément ce que l'on a fait.
Charles VIII était très fort pour les pèlerinages, Il passa
à Grenoble le 6 novembre 1489, lorsqu'il se rendit à Notre-
Dame-d'Embrun. Cette dame d'Embrun est aujourd'hui
bien délaissée ; je crois pour ma part que mademoiselle
de La Merlière lui a fait du tort. Mais c'est ainsi en ce
bas monde, toute chose a une fin, heureusement.

Constatons, en terminant, que la propreté est un de nos
meilleurs médecins, et rendons justice à l'Administration des prisons, tous y paraît propre. Certainement il
y a des prisons plus confortables les unes que les
autres, et le système égalitaire n'a pas encore pénétré
dans nos mœurs. Ainsi un criminel comme Bazaine, qui
a vendu son pays, livré 180 mille hommes à l'ennemi,
ne peut pas être traité comme un simple écrivain ayant
blâmé ceux qui abandonnent leur enfant et une femme,
nous n'en sommes pas encore là.

Bazaine ira dans l'île Sainte-Marguerite respirer
l'odeur du myrthe et de l'oranger ; la brise chaude
d'Italie viendra caresser follement sa chevelure grise ;
un de ces vaillants guerriers comme il savait en avoir
autour de lui, lui fera compagnie, et un personnel de
larbins veillera attentivement à ce qu'un criminel aussi
illustre ne manque de rien. Je suis même persuadé
qu'au grand Trianon il n'a jamais souffert du froid comme moi en ce moment, car mon poêle est éteint, et je
n'ai pas de copeaux pour le rallumer ; il est l'heure du
travail et je suis enfermé ; j'appellerais que je ne serais
pas entendu. Mais je ne me plains pas de cette différence.
S'il n'y en avait pas une entre la situation de Bazaine et

la mienne, j'aurais le droit de me plaindre ; mais puisqu'il y en a une, je n'ai rien à dire.

Nous sommes en plein dans l'ordre moral. J'ai une
idée à moi que je veux vous communiquer. Vous savez
qu'ayant voyagé beaucoup, je ne pense pas comme tout
le monde, cela m'attire parfois du désagrément, comme
vous voyez. En effet, tout le monde n'est pas de l'avis
de Senèque qui disait : « Voir, c'est savoir. » Cette idée
la voici : Lorsque j'ai vu que la peine de Bazaine était
commuée, par un sien ami, en celle de 20 années de
détention dans l'île Sainte-Marguerite, je me suis
dit : Si les bonapartistes trouvent le moyen de faire un
coup d'état (ce dont je doute fort eu égard au sentiment
qu'ils inspirent à l'armée), Bazaine sera sur le passage
des Corses qui pourront le prendre en passant et débar-
quer de nouveau à Fréjus, comme Napoléon 1er.

Quant à la marche triomphale jusqu'à Paris, c'est
l'affaire de ces messieurs, et comme ils ont du toupet,
nous n'avons pas besoin de nous inquiéter d'eux (je
parle des bonapartistes). Il y en a qui croient encore la
chose possible. Que voulez-vous, ils ont une confiance
robuste ; ce n'est plus de la confiance, c'est de la
foi. J'en ai eu une preuve. Jeudi soir le jour de la
Noël. Le gardien de service était un vieux bonhomme
d'une soixantaines d'années que j'avais déjà vu le
jeudi précédent, mais dont la physionomie me sou-
riait peu, je l'avoue ; le jour de Noël, c'est à lui à qui
j'avais demandé du bois tout le jour sans en pouvoir
obtenir avant 4 heures et demie du soir. Sur les 7 heures du soir, mon poële était rouge, je lisais et me
chauffais lorsqu'on ouvrit ma porte : c'était mon gardien,

il entre, se chauffe et se met à causer. Il me raconte
qu'il est allé faire un tour de promenade, dans la
semaine, du côté de la montagne le Casque-de-Néron et
que là, il a trouvé une dame de Voiron; il me la dépei-
gnis, il me demanda si je la connaissais, je lui dis que
non; finalement il me dit : Vous êtes ici pour diffamation; vous écrivez dans les journaux; vous écrivez
peut-être dans le *Réveil*? — Non, lui dis-je. — Ah! vous
n'êtes pas de ces républicains? Voyez-vous, ajouta-t-il,
c'est pas grand-chose. Et où écrivez-vous donc? —
J'écris dans ma chambre, je fais imprimer et vendre.
— Ah! oui, eh bien, voyez, moi, je ne peux pas sentir
les républicains, c'est tout de la canaille. Quant j'étais
à Montbrison, en 1848, j'ai vu tout ça. Tout ce qui était
républicain, c'était des parleurs, des blagueurs, des
gens qui n'avaient pas le sou, des rien du tout, quoi !
— Pardon, lui dis-je que faisiez-vous à Montbrison.
J'étais concierge de la Préfecture, et je pris l'idée de quitter l'Administration, lorsque la Préfecture fut transférée
à Saint-Étienne; je pris un petit café où se rendaient
tous les employés ; mais je ne me doutais pas qu'une
fois la Préfecture ailleurs, les employés la suivraient.
Mon établissement ne fit plus rien, et j'eus recours à
l'ancien préfet (1) qui afini par me caser ici où je suis le
seul qui n'ait pas été militaire. Mais, je vous l'assure, je
ne peut pas sentir les républicains. Ainsi votre Gambetta qui s'est enrichi avec les deniers de la France, qui
a acheté une propriété à Saint-Sébastien, en Espagne, ce
n'est pas un voleur, ça? Et tant d'autres. — Je lui dis :
Mon brave homme, où avez-vous lu ça? — Mais dans
les journaux, me dit-il. Ah! vous croyez que nous n'en

(1) M. Ponsard.

lisons pas : je lis le *Pays*, le *Paris-Journal*, la *Décentralisation*. — Et l'*Unité Française*, cela va de soi, ajoutai-je. — Oui, oui, sans doute. Et je lis aussi la *République* (il ne m'a pas dit laquelle). Oh ! je lis de tout, allez, et croyez-le, monsieur, dans nos campagnes, ils en tiennent encore pour l'empire, et le petit reviendra sûrement. — Merci, vous êtes bien bon, lui dis-je, je crois encore plus de cœur aux Français, et je ne leur fais pas l'injure de croire un mot de ce que vous venez de dire. Sur ce, nous causâmes de différentes personnes que j'avais connues à Montbrison, et qu'il avait connues également, ensuite il fut se coucher et moi aussi. Mais avant de m'endormir, je me dis : te voilà fixé. Tu te demandais toujours où le *Pays*, le *Paris-Journal*, l'*Ordre*, la *Décentralisation*, l'*Unité Française* pouvaient trouver des lecteurs. Tu n'avais pas compté les gardes-chiourmes, et il y en a un joli nombre en France où, grâce au système jésuitique, deux hommes en observent un. Voilà l'énigme trouvée : Paraissez, feuilles légères, je sais où vous passez, et qui vous absorbe.

Reste à savoir si nous, qui engraissons le budget, sommes obligés de payer ces abonnements ? Par le temps *d'ordre moral* qui court, cela ne me surprendrait pas.

Quand je disais qu'il y a des gens qui ont plus que de la confiance, mais une foi aveugle je disais vrai. Voilà un vieux bonhomme qui était concierge de la Préfecture de la Loire, il prend le café où se rendaient les employés de la Préfecture ; cette dernière se trouve transférée à Saint-Étienne, et mon bonhomme se trouve seul avec ses tables et ses carafons. C'était le cas où

jamais de se dire : là où vont les employés des administrations détestées, les autres n'y vont pas. Et que
tant que nous ne seront pas administré comme le pays
le demande, il y aura deux camps : celui des gouvernants, celui des gouvernés ; il y aura de l'antagonisme
et de la haine, tout cela ne promet rien de bon.

Eh bien ! le vieux bonhomme a la foi, il se fait garde-
chiourme en attendant mieux.

Marseille, février 1875.

Voici une année d'interruption. Après un an seulement, il m'est permis de reprendre ce récit interrompu
brutalement le 26 décembre 1873, et voici comment.

J'ai dit plus haut que j'avais adressé, le 16 décembre,
au préfet une demande visée par le directeur de la prison
dans laquelle je réclamais l'autorisation de vivre à la
pistole, dans une cellule séparée. Cette faveur est toujours accordée aux condamnés pour délit de presse.

Le préfet André mit dix jours pour répondre ; ce fut
le samedi 26, à 10 heures du matin, que le greffier en
chef vint me lire la réponse du préfet. Ce haut fonction-
naire disait que n'ayant aucune raison de santé à allé-
guer, je devais suivre le régime commun.

En conséquence, il fallut à l'instant fermer ma valise,
la remettre aux mains d'un gardien, et je fus conduit
dans un atelier où se trouvaient une dizaine de malfai-
teurs : c'était ceux condamnés à moins d'un mois d'emprisonnement.

Les uns épluchaient des pommes de terre au tour du
poêle, les autres faisaient des balayettes, d'autres enfin

préparaient de l'osier pour les prisonniers qui fabriquent les balais.

J'allais oublier un petit incident qui n'est pas sans importance : Le 19 décembre, j'avais écrit à maître Margot, notaire à Voiron, le priant de me faire une *prompte* réponse. Je reçu cette réponse le 27, la voici dans tout son contenu .

Monsieur Favre, prison de Grenoble.

« Voiron, le 27 décembre 1873.

« Monsieur,

« J'ai reçu seulement hier votre lettre du 19 de ce mois, portant le timbre de Grenoble et de Voiron seulement du 26 décembre courant. Je n'ai donc pu vous répondre plus tôt.

« Les placements hypothécaires sont de plus en plus rares, les deniers du public se trouvant portés vers la Bourse ou retenus pour autres opérations. Votre emprunt possible à autres époques, me paraît difficile à réaliser si, comme vous le paraissez, vous êtes pressé.

« Voyez donc, Monsieur, ce que vous croyez devoir faire et recevez mes salutations.

« MARGOT. »

Ceci explique bien des choses.

Non seulement j'écrivais, du matin au soir, la première partie de cet ouvrage, mais j'adressais beaucoup de lettres à mes amis et à ma famille, à laquelle j'avais essayé de dissimuler mon emprisonnement en faisant passer mes lettres par Marseille. Mais le retard considérable qu'elles mettaient à parvenir mirent ma femme et mes enfants dans la désolation. Ils eurent bientôt la certitude que j'étais en prison.

Mes lettres, après être visées par le directeur de la prison, passaient sous les yeux de Messieurs de la préfecture et du parquet, et lorsqu'on pensait à les faire mettre à la poste, elles partaient ; cela explique pourquoi la lettre à Me Margot a mis du 19 au 26 décembre pour franchir la distance de 24 kilomètres qui séparent Grenoble de Voiron.

On devait se faire des gorges chaudes à la préfecture ; les André, les Monod devaient être bien heureux. A propos de Monod, n'oublions pas que c'est à ce dernier que les conscrits de Goncelin doivent de ne pas savoir s'ils sont ou non régulièrement obligés de partir. Ce célèbre Monod, lors du tirage au sort de 1875, n'avait pas su compter jusqu'à 100, et il manquait sept numéros dans l'urne. Pour combler cette lacune, il emmène les conscrits sans numéros tirer au sort dans une autre commune. Cette préfecture de l'Isère contient des phénomènes bien rares.

Je vais en citer un. En 1871, c'était un jeune homme de 22 à 23 ans, bien portant et très fier de sa personne ; il avait trouvé le moyen de se mobiliser *dans l'ambulance* de la troisième légion de l'Isère. Cette ambulance a coûté fort cher ; chacun, à Voiron, a donné peu ou prou pour son organisation. Chevaux, voitures, rien ne manquait. Ceux qui avaient pris la direction de cette ambulance étaient le fils Géry, de Voiron, gaillard très bien portant, mais toujours réformé, on n'a jamais pu savoir pourquoi. Serait-ce parce que M. Géry père rédigeait et signait des proclamations, en 1870, pour engager les Voironnais à voter oui lors du plébiscite ?

L'autre ambulancier était le sire de Galbert, du village de la Buisse ; c'est celui dont j'ai parlé plus haut et qui pour récompense a été nommé conseiller de préfecture, au retour de sa fameuse campagne.

Il est bon de noter ici un fait qui peut être attesté par 3,000 mobilisés de l'Isère : Lors de la reprise de Dijon par les Prussiens, la troisième légion, qui s'y trouvait, reçu l'ordre de partir immédiatement pour Autun. A ce sujet, le capitaine Jacquin avait promis, dans une lettre rendue publique, qu'il occuperait ses loisirs à raconter la vérité sur cette retraite, qui a ressemblé fort à une débandade ; nous attendons. Mais ce que nous savons, c'est que l'ambulance de Galbert, Géry et Cie avait tellement pris les devants, que ces messieurs étaient à Chagny lorsque la troisième légion avait à peine quitté Dijon. Les traînards qui comptaient sur les voitures de l'ambulance ont dû faire comme ils ont pu. Messieurs les ambulanciers avaient, grâce à leurs chevaux, mis leur précieuse personne en sûreté. Aussi ne sommes-nous pas surpris de voir ce monsieur de haute noblesse conseiller de préfecture.

Préfet, conseillers de préfecture et magistrats inamovibles se sont donc bien amusés avec ma correspondance ; ils pensaient sans doute surprendre de grands secrets. S'ils ont bien lu, même entre les lignes, ils ont dû voir quel sentiment ils m'inspirent.

Grâce à M. André, préfet de l'Isère, me voici donc depuis huit heures du matin jusqu'à 4 heures du soir avec les voleurs. Le soir à 4 heures, il fait nuit, un gardien me conduit dans une cellule sans feu dans laquelle

je retrouve le grabat de la première nuit et le froid de
dix degrés avec lequel j'avis déjà fait connaissance. Le
dimanche matin, 28 décembre, il me prit la fantaisie
d'enfourcher Pégase en l'honneur de la magistrature et
de la préfecture. J'écrivis donc sur le mur de ma cellule
le quatrain suivant :

ÉGALITÉ

Le voleur, le bandit. l'écrivain, le poëte,
Assis au même banc, sont jugés tour à tour ;
Sur les mêmes grabats ils reposent la tête,
De la même pitance on les nourrit le jour.

A huit heures du matin, un gardien me reconduit à
l'atelier où je peux enfin me chauffer. C'est dimanche,
tout travail est suspendu, mais on conduit tous les prisonniers à la messe. Naturellement je m'y refuse ; alors
le gardien, un Corse, ayant parfaitement le physique de
son emploi, me dit que si je ne veux pas aller à la messe,
il va me conduire au cachot ; je lui explique que je n'irai
ni à l'une ni à l'autre, n'étant pas catholique. Il fallut
s'en assurer, ce charmant garde-chiourme me conduisit
au bureau où il vit que je m'étais fait inscrire protestant.

Ah ! vous êtes protestant ! — Oui, je proteste, on ne
peut plus. — Eh bien, vous irez dans votre cellule. —
Je fus donc replacé pendant une heure dans ma cellule,
malgré la bonne envie qu'avait ce brave Corse de me
faire entendre la messe.

Après la messe, on nous donna la soupe. Depuis la
veille, j'avais la nourriture commune aux bandits, soit

deux soupes par jour et un pain affreux. Je donnais les
soupes et je mangeais mon pain avec un peu de lait qu'il
m'était permis d'acheter à la cantine. Il m'était interdit
de rien recevoir du dehors.

Ce dimanche, je le passai à lire la vie de Lazare Hoche
qui, par extraordinaire, fait partie de la bibliothèque de
la prison. Les auteurs des livres qui la composent font
tous partie de la congrégation, néanmoins la vie de
Hoche ne peut pas être dénaturée, et j'éprouvais une
certaine joie à penser qu'il y avait eu en France des
cœurs patriotes, qu'il y en avait encore, que nous en
retrouverions faisant contraste avec la bande de coquins
que nous a formée l'empire. Il est impossible que notre
armée ne recèle pas dans son sein des Hoche, des
Beaurepaire ; mais pour qu'ils sortent de l'ornière, il
nous faut d'autres institutions que celles que nous a
léguées l'homme de décembre et qui sont religieusement
conservées par les hommes de l'ordre moral.

Pendant cinq jours, c'est-à-dire du 26 au 31 décembre,
je souffris horriblement, la nuit du froid et le jour du
rapprochement que l'on me faisait opérer avec des gre-
dins qui n'avaient rien de bien intéressant. Cependant
je me prenais à les plaindre plus qu'à les blâmer. Presque
tous manquaient de l'instruction la plus élémentaire, et
une fois le premier pas fait dans la voie du vice, la prison
est loin de moraliser et de réhabiliter le prisonnier. La
plupart s'y habitue et finit par passer l'été à courir, à
vagabonder ou voler. Lorsque l'hiver approche, ils se font
repincer et s'assurent ainsi le lit et le feu pour la mauvaise saison. Et ainsi de suite jusqu'à ce qu'ils commet-

tent un crime qui les prive complètement de la liberté et quelque fois de la vie.

Si nos prisons ont gagné en hygiène, elles n'ont pas gagné comme principe moralisateur ; ce n'est pas avec des cantiques et des messes que l'on régénère l'homme : je ne connais pour cela que l'instruction et le travail.

Quant à la nourriture, on donne à ces malheureux trop pour mourir et pas assez pour vivre, et cela se comprendra vite, lorsqu'on saura que l'entrepreneur chargé de la nourriture, du chauffage, de la literie et de l'habillement, accepte cette entreprise moyennant 55 c. par homme. Il est vrai qu'il les fait travailler moyennant une rétribution insignifiante ; mais encore il est obligé de partager le produit ou bénéfice de ce travail avec l'administration des prisons.

Le mercredi 31 décembre 1873, à 9 heures du matin, on me fit prévenir que j'allais être rendu à la liberté. On me rendit ma valise, mes papiers s'y trouvaient intacts, ainsi que mes livres. Quant au linge, je n'avais pas pu en changer pendant cinq jours.

Avant de sortir, je voulus rendre visite au directeur de la prison et le remercier d'avoir pris sur lui de m'accorder une cellule et du feu, ainsi qu'un repas par jour, pendant dix jours. Je savais bien que pour les délits de presse on permet toujours à un condamné d'éviter la promiscuité des voleurs.

Ce n'est que sur l'ordre du préfet qu'il a obéi et m'a fait subir le rapprochement que M. Adré désirait.

Je le remerciai sincèrement, et nous nous quittâmes dans les meilleurs termes. Je me souviens de ses dernières paroles : — « Au revoir , Monsieur Favre, mais pas ici, je vous en supplie. »

Aussitôt au grand air, je me dirigeais vers mes amis lorsque chemin faisant, je rencontrai Messieurs Boissier et Lambert qui venaient à ma rencontre.

A midi nous fîmes, chez un ami commun, un dîner pendant lequel je pus serrer la main à beaucoup de ceux qui avaient pour moi une sympathie que je n'oublierai jamais. Quant au repas , j'y fis peu d'honneur, l'ordinaire des cinq derniers jours m'avait coupé l'appétit. Je pris ensuite le premier train partant pour Voiron et je courus embrasser ma femme et mes enfants.

Il ne fallait plus songer à écrire. Ma situation pécuniaire était affreuse, mes charges s'étaient accrues et j'avais la haine de tout un parti bourgeois, (haine que je lui rend bien,) de ce parti perdu qui a prêté la main à l'empire et au jésuitime; de ce parti qui s'est émancipé en 1789 pour réduire à l'esclavage ceux qu'il avait pour mission d'émanciper. J'avais la haine de ces gens ridicules qui nous jouent chaque jour la comédie du bourgeois gentilhomme et qui n'ayant aucune des qualités de l'ancienne noblesse en étalent bêtement tous les vices et tous les ridicules. A ces gens là, la peur fait tout fairé. Lorsqu'ils sont les plus faibles ils font les plats valets et montrent toute l'élasticité de leur échine; s'ils ont le dessus , ils voudraient anéantir tout ce qui leur a fait peur, car la peur est une chose terrible; chez eux elle ne peut être comparée qu'à leur couardise.

Dans ce parti qui accepte toutes les hontes pourvu qu'il sauve la caisse, il y en a, grâce aux idées moder-

nes, qui cherchent à sortir de la tourbe où ils sont, et
de marcher en avant ; mais l'éducation jésuitique qu'ils
ont reçue les fait hésiter, car cette éducation ne donne
aucun courage. Elle apprend l'obéissance passive , ou
l'autorité absolue. Ce moment de transition est celui
dans lequel nous vivons, une foule d'hommes qui s'é-
taient cramponnés au passé , le croyant inébranlable ,
cherche à se rallier au progrès, mais le difficile c'est
de faire l'abandon du prestige que l'on avait.

C'est dur en effet, la démocratie ne connaissant
d'autre hiérarchie que celle des intelligences. Pendant
la guerre , nous en avons vu beaucoup de ces gros
bourgeois affecter des allures républicaines, se glisser
dans les conseils municipaux pour éviter la mobilisation,
jouer leur rôle jusqu'à ce que se croyant sûrs de leur
affaire, ils ont retourné leur veste, après être parvenus
conseillers généraux ou députés. A Voiron nous avons
vu M. Vial jouer ce rôle ; mais lorsqu'il fut conseiller
sortant malgré tous ses efforts joints à ceux de certains
gros Messieurs du cercle de Voiron, malgré les rastels ,
malgré l'argent dépensé pour faire courir les campagnes, le conseiller sortant est bel et bien sorti : *Justice
a été rendue*, et ses escobarderies lui restent pour compte.

C'est donc à bon droit que nous nous méfions de
cette grosse bourgeoisie qui vise à la noblesse. Ces
gens là ont tué l'industrie française en considérant toujours l'homme comme une machine que l'on renouvelle
à peu de frais ; en empêchant par tous les moyens pos-
sibles l'instruction de se répandre, en favorisant la mul-
tiplication des congrégations, ce filet qui, sous prétexte
de nous exonérer de certains devoirs, exerce tous les

droits, n'accepte aucune charge et obéit à un homme qu'une assemblée a déclaré *infaillible* ! ! Nous sommes écrasés sous le poids du ridicule. On déclare du haut des chaires que la science est un « luxe pernitieux » Nous sommes rongés par deux plaies, l'ignorance et le Jésuitisme ; l'Europe assiste indifférente à notre décadence physique et morale, et l'Amérique du Nord marche à grands pas dans la voie du progrès, grâce à son émancipation et à sa liberté. Voilà où nous a conduit ce parti bourgeois qui s'est aplati successivement devant tous les tyrans depuis Napoléon le Grand jusqu'à Napoléon le Petit. Aujourd'hui il suppose qu'avec un grand sabre et un goupillon cela suffit pour nous gouverner.

Hélas! il a été malheureusement démontré que les grands sabres se tiennent quelquefois dans les fossés en attendant de savoir de quel côté le vent tourne.

Le récent procès du général Wimpfen a éclairé l'opinion publique sur la conduite de certains personnages qui ne sont pas plus morts que victorieux.

J'avais été condamné le 20 novembre 1875, soit le lendemain de la prorogation des pouvoirs du Maréchal Mac-Mahon. La grosse bourgeoisie voironnaise était donc rassurée, et j'étais certain qu'en restant dans le pays elle allait mettre tout en œuvre pour me nuire, je connaissais ses moyens et mon grand crime était de les avoir dévoilés dans mes pamphlets et dans ma satire. Il ne me restait qu'un parti à prendre : me rendre au centre de mes affaires, à Marseille. Là, les moyens plats et bas de certaines gens ne m'atteindraient pas. J'eus bientôt pris mon parti : le 8 janvier 1874, j'étais à Mar-

seille, et le 20 du même mois j'y étais installé avec
toute ma famille, y compris mon fils, que je fis venir
de Lyon n'ayant plus les moyens de lui faire pousuivre
ses études ; en outre j'avais besoin de lui et dans les
moments difficiles son concours me fut d'une grande
utilité.

Aussitôt que ma nouvelle adresse fut connue je fus
assailli, d'abord par le sire Monnet dit Daiguenoire qui
avait vu à Grenoble le syndic des avoués, lequel syndic
avait envoyé copie du jugement qui me frappait au
syndic des huissiers de Marseille. Ce dernier me donna
2 jours pour payer les frais de jugement et les dommages et intérêts dûs, par mon imprimeur et par moi,
au financier voironnais qui avait bien voulu se reconnaître dans ma satire. Je m'empressai de payer ne voulant pas voir saisir le peu que j'avais et puis je me souvenais que le sieur Monnet avait dit dans sa demande
de dommages et intérêts qu'il voulait faire des bonnes
œuvres avec le montant. Il eut été vraiment dommage
de priver ce philanthrope d'une aussi belle occasion de
faire des bonnes œuvres. Je ne suis pas sorcier mais en
ma qualité de *prophète*, comme m'appellent ces Messieurs du cercle de Voiron, je peux prédire que les pauvres de Voiron ne sont pas morts d'indigestion par le
fait de la distribution de mon argent.

Après le sieur Daiguenoire ce fut le percepteur de
Voiron qui me réclamait en janvier 1874 le montant de
mes impôts pour la susdite année 1874 dans ce montant figurait une patente pour une industrie que je
n'exerçais plus depuis deux ans.

Je dus payer la moitié de la note du fisc et adresser

le reçu dans ma réclamation au sieur André préfet de l'Isère, lequel était, comme on le sait, animé des meilleures intentions à mon endroit. J'écrivis donc à ce haut et puissant personnage en février 1874, joignant mon reçu à ma réclamation. Depuis, je n'ai plus eu de nouvelles ; il en a été de ma demande de réduction comme il en avait été de ma demande d'autorisation pour être à la pistole dans la prison de Grenoble.

Je ne savais pas que nous payions des administrateurs pour qu'ils gardassent nos reçus et ne répondissent pas à nos justes réclamations. M. André aura sans doute répondu à la perception de Marseille comme il avait répondu à la direction des prisons de Grenoble. Un préfet ne s'abaisse pas à répondre à un solliciteur, voire même quand ce solliciteur appuie sa demande d'un reçu. Ce ne serait que ridicule si ce n'était irrégulier et indélicat mais depuis longtemps nous sommes fixés sur la valeur intellectuelle et morale des préfets de M. de Broglie et nous considérons ces gens là comme on considérerait un bûcheron assis sur une branche élevée d'un arbre et s'amusant à la scier ras du tronc, avec cette différence qu'un bûcheron inspirerait beaucoup plus de commisération que certains personnages dont les faits et gestes sont plus empreints de folie que l'acte du bûcheron cité plus haut.

Après avoir payé le plus pressé, je me mis résolument au travail et j'avoue que ce fut rude et difficile. Je n'avais que peu ou pas de crédit ; les affaires se ressentaient et se ressentent encore des œuvres de nos gouvernants dont tous les actes tendent à entraver la liberté du commerce et de l'industrie. Chaque jour on multiplie les employés appelés à surveiller, à contrôler et à faire payer le travailleur.

Enfin nous avons ce spectacle magnifique qui consiste à voir à la porte de chaque brasserie ou distillerie une guérite en bois dans laquelle un douanier passe la nuit et la journée comme un rat dans un fromage. Ah! tu travailles, attends un peu nous allons compter ce qui me revient, ce n'est pas la dîme, mais ça y ressemble beaucoup.

On multiplie les engrenages; les classes absorbantes augmentent et les classes productives diminuent. Beaucoup émigrent parce qu'ils trouvent à l'étranger plus de liberté et plus de gain.

Ici je tiens à citer Schulze-Delitzsch dans son cours d'économie politique traduit par Benjamin Rampal.

Schulze-Delitzsch prend pour axiôme :

« Point de progrès social sans liberté politique, point « de liberté politique sans progrès social. »

Et voici ce qu'il dit à propos de la restriction de la liberté dans le commerce et l'industrie :

« Maintenant, examinons à son tour le système op-
« posé à la libre concurrence, et qui consiste dans la
« *restriction de l'industrie et du commerce* en faveur de
« quelques individus ou de quelques classes, en un mot
« dans le *monopole*. Où conduit, je le demande, cette
« prétendue protection de l'industrie, et qui donc en
« éprouve le besoin? Ce n'est pas, certes, l'ouvrier ha-
« bile, actif, entreprenant ; celui-là n'a rien à redouter
« des autres, il peut faire son chemin en leur compa-
« gnie. Favoriser la paresse, l'incapacité, l'ignorance, la

« routine et contraindre le public à être le client du
« monopole, voilà le beau résultat, la riante perspective
« qu'on offre à la société !...

« L'expérience démontre qu'un tel principe exclut
« tout développement, tout progrès au détriment de la
« masse non-seulement des consommateurs, mais en-
« core des producteurs. Ces derniers se sentant proté-
« gés par l'administration publique, cessent d'avoir de
« l'émulation, de redoubler d'efforts et finissent par
« laisser de plus en plus décliner leur industrie, sourds
« même à la voix de leurs propres intérêts. Aussi la si-
« tuation de la classe ouvrière est elle, suivant les pays,
« d'autant plus prospère que, en général, le système
« commercial en vigueur se rapproche davantage de la
« liberté de l industrie.

« Nous en voyons des exemples en Angleterre, en
« France, aux États-Unis et en Suisse. Mais ce qu'il y a
« de particulièrement fâcheux dans la protection, la-
« quelle ne protège que les gens qui ne le méritent pas,
« c'est qu'elle fait le plus grand tort à ceux qui en sont
« exclus, c'est-à-dire à la masse du public. Non-seule-
« ment ce que nous achetons est de qualité inférieure,
« et nous coûte plus cher, mais il nous faut encore pui-
« ser dans nos poches pour payer les frais de ce luxe
« onéreux d'employés, de fonctionnaires et de règle-
« ments administratifs que ce système, fatal à la com-
« munauté, entraîne avec lui. »

Le même auteur démontre ensuite que le progrès dans
l'industrie repose sur les grandes conquêtes dues au
mouvement intellectuel des temps modernes surtout
dans le domaine des sciences naturelles, conquêtes qui

nous ont permis d'utiliser graduellement, pour nos grands travaux, les forces de la nature. Il conclut en disant que tout attentat contre le progrès industriel est un crime de lèse-civilisation ; c'en est donc un de plus que nos gouvernants ont sur la conscience, mais nous en sommes à ne plus les compter.

Sous le vain prétexte de vouloir sauver la propriété on la ruine. On compte beaucoup plus sur l'armée pour combattre le progrès social et l'émancipation des travailleurs qu'on n'y compte pour faire la guerre à l'étranger. En l'état de l'Europe depuis l'établissement de son équilibre international, la prépondérance militaire d'une nation sur les autres, ne pouvant être que passagère, il vient un jour où l'armée après avoir été un agent de servitude et d'abaissement à l'intérieur, devient à l'extérieur un instrument de ruine, c'est ce qui nous est arrivé en 1870.

C'est à ce moment qu'on reconnait la justesse du mot de Tocqueville qui définit le despotisme propre aux sociétés vieillies : « Un secours déshonête contre l'anarchie dont une nation n'a pas le courage de se défendre elle-même ; un appui honteux accordé aux vices et aux faiblesses du temps. »

(Discours de réception à l'Académie Française 1842).

J'ai lu avec beaucoup d'intérêt l'ouvrage de l'économiste Schulze-Delitzsch qui consiste à démontrer le progrès accompli par les associations ouvrières et les travaux en coopération, et l'avantage qui en résulte.

C'est précisément le sujet que je voulais traiter dans mon contrat social, si le préfet André m'en avait laissé le loisir ; mais je n'ai pu ébaucher mon contrat social, puisque j'ai été mis avec les voleurs avant d'avoir achevé la moitié de la besogne que je m'étais tracée. Pour écrire sur un sujet aussi grave il faut la tranquilité absolue. Ce n'est pas dans un foyer tumultueux d'affaires, comme Marseille, que l'on peut aborder des questions aussi ardues. J'attendrai pour cela de pouvoir m'isoler à la campagne, j'y suis mieux inspiré et les idées y viennent moins sombres.

Il est démontré que les lieux que l'on habite influent énormément sur l'ordre et la nature des idées. En attendant que je trouve un hermitage favorable à mon dessein, je travaille et fais instruire mes enfants.

Les commerçants et les industriels de ce pays, sans être dépourvus des défauts inhérants à leur position, n'ont pas l'esprit étroit de ceux des petites villes ; ils ne forment pas une ligue contre ceux qui ne s'aplâtissent pas devant eux, et, en dehors des affaires, chacun est libre de penser comme il l'entend. Les uns vont à la procession, les autres en rient. A la bourse du commerce, croyants, libres-penseurs, légitimistes, républicains, orléanistes, se voient, se parlent, causent d'affaires, sans animosité, sans autre antagonisme que celui de l'intérêt.

Aussi chaque fois que je retourne à Voiron, je trouve une dose de ridicule de plus à ceux qui m'avaient déjà tant fait rire. En voulez-vous un exemple ? En voici un :

Au commencement du mois de mai de cette année (1875), mes affaires m'appelèrent dans l'Isère ; je ne manquai pas l'occasion d'aller à Voiron serrer quelques mains amies et voir les progrès du bonapartisme dans ce pays où je le croyais détruit pour jamais. Je m'empresse d'ajouter que je ne fais que constater l'audace de ce parti et non ses succès récents, il ne peut en avoir que grâce à l'ignorance et la lâcheté de ceux qui préféreraient la servitude à l'émancipation, redoutant la peine qu'il faut se donner pour conquérir la liberté. C'est bien là dessus que comptent certaines gens qui ont l'habitude de vaincre par la force d'inertie, se disant tout bas : Le peuple se lassera, et lorsqu'il aura faim, il faudra bien qu'il vienne à nous.

Je me rendis donc à Voiron au commencement de mai et j'y restai trois jours. Un gros fabricant de soie devait sous peu marier sa fille. — Il est bon que l'on sache que ces fabriques de soieries ont pris leur développement vers l'année 1848. Les ouvriers Lyonnais devenaient exigeants, la main-d'œuvre augmentait, cela ne faisait pas le compte des négociants Lyonnais. On avisa au moyen d'établir des métiers dans les campagnes où la main-d'œuvre est à bas prix. Dans mon ouvrage intitulé : *Le 22 mai*, j'ai déjà parlé de ce genre d'industrie et du tort qu'elle fait à l'agriculture. En somme, les fabricants de soie des campagnes ne font que du travail à façon ; ils reçoivent de Lyon la soie prête à tisser et la retournent lorsque la main-d'œuvre est terminée. Chaque semaine Lyon leur adresse des fonds pour payer leurs ouvrières, ils n'ont donc d'autre mise de fonds à faire que celle de leur matériel. Il y en a qui occupent 300, 400, même 500 ouvrières. Chaque métier rapporte tant par jour, le calcul est vite fait, le premier financier venu peut devenir fabricant de soies, attendu que la main-d'œuvre est dirigée par des hommes spéciaux que l'on appelle contre-maîtres. — Ce qui le démontre, c'est que nous avons des gens qui ont été les uns tanneurs, les autres fabricants de chandelles, avant de devenir fabricants de soieries. Chez nous, il en est ainsi : l'industrie est une exploitation avant d'être une production raisonnée, c'est ce qui fait que nos industries périclitent et que peu à peu les associations ouvrières de l'étranger arrivent à faire mieux que nous et se passer de nous ; mais passons.

Mon industriel mariait sa fille, et voici ce qu'il avait affiché sur les portes de l'usine Vieille comme sur la porte de l'usine Nouvelle :

« Messieurs et Mesdames, employés à la fabri-
que Vieille, à Voiron.

« Le mariage projeté entre ma fille et M. Adrien
Simian, juge à Gap (Hautes-Alpes), vient d'être arrêté
pour le vingt-quatre mai prochain et je vous en fais part,
en vous engageant tous, ce jour-là, à dîner à la fabrique.
En attendant le plaisir que (sic) personne ne manque à
mes invitations. »

F. PONCET.

« Je vous prie, mes chers enfants, de n'être pas éton-
nés si je vous invite trois semaines à l'avance, c'est ainsi
que ça se fait dans le grand monde. »

Tout Voiron ayant pu lire cette invitation, je peux bien la reproduire. Elle a été copiée très fidèlement et

faisait bien rire ceux qui ne croient pas être du GRAND
MONDE. Après cela il faut tirer l'échelle, et je suis
enchanté de savoir que M. Poncet est du *grand monde*.

Le ton parternel du post-scriptum est charmant; il
me remettait en mémoire le quatrain de Rabelais :

> O Dieu père paterne,
> Toi qui muas l'eau en vin,
> Fais de mon cul lanterne
> Pour luire mon voisin.

Aujourd'hui, dans le *grand monde* on ne dit plus de
ces crudités, on dit des choses bien plus drôles.

Pendant mon séjour à Voiron, j'y ai apperçu le sieur
Faige Blanc, ex-président de la *Vigilante*, société des
Décembraillards en décembre 1851, maire de Voiron
depuis 1853 jusqu'au 4 septembre 1870. Hélas ! C'est
à lui que l'on doit d'avoir eu si peu d'écoles pendant
17 ans; en revanche, il a dôté la ville d'une multitude
de cabarets et d'une église nouvelle. Cet intélligent
administrateur, décoré par l'homme de Sédan, a laissé à
ses administrés 850,000 francs de dettes. Pour se venger de leur mépris, il écrivait *courageusement, sous le
pseudonyme d'Aristophane*, dans le *Libéral Dauphinois*,
journal jésuitico-bonapartiste tombé sous les coups de
mes pamphlets et plus encore sous le mépris public.
Les comités de comptabilité doivent le compter pour un
fervent, et aujourd'hui il est digne des honneurs du
Cerle de Voiron. Dernièrement, ce zélé bonapartiste est
venu pleurer le départ de son ami Ulysse, son ancien
adjoint qui l'avait, paraît-il, vaillament secondé dans
son intelligente administration. Mais heureusement

toute chose à une fin, même les empires et les bonapartistes, ce qui fait que le médecin Ulysse David étant
allé rejoindre sa nombreuse clientèle, le larmoyant
Faige Blanc est venu, sur la tombe de son ancien colla-
borateur, laisser tomber un pleur de crocodile.

Les rangs de ces messieurs s'éclaircissent, je serai le
dernier à le regretter, et mieux que Calypso, j'ai su me
consoler du départ d'Ulysse. Vous allez me dire que j'ai
le cœur dur ; c'est vrai, depuis 1870, je me suis endurci
et, l'an dernier, quand j'ai vu avec quel sans-gène les
Bazaine, les Doineau, les Villette et *tuti quanti* nous ont
joué l'infernale comédie qu'il a fallu considérer de sang-
froid, j'ai senti monter mon indignation au niveau de
ma douleur.

A ma mémoire se sont présentés les actes de ces hommes, le nombre de leurs victimes, le nom de leurs
complices. Après cet examen, ne soyez pas surpris si
je n'éprouve pas un sentiment de folle tendresse pour
cette bande, car pendant 18 ans nous avons été la proie
de ces gens et, comme le disait fort bien le comte
d'Haussonville dans son *Nouveau Bulletin français*,
publié à Londres en 1852 : « Aujourd'hui, ce n'est pas
un parti qui possède la France, ce n'est pas même une
faction, c'est une bande. » Nous les avons vus à l'œuvre
lorsqu'il s'agissait, par ordre du maître, d'assassiner
hommes, enfants et femmes. Hélas ! 18 ans après, la
même bande livrait nos armées et nos places fortes sans
même essayer de se défendre, n'ayant qu'un but :
dominer encore et exploiter le peu qui restait de la
nation.

La comédie jouée par Bazaine et les siens, sera

appréciée par l'histoire, mais heureusement nous serons morts et la terre cachera notre honte.

Avant l'évasion de Bazaine, nous avions à Marseille assez souvent de ses nouvelles, le *Petit Marseillais*. journal comme il y en a tant et tant eu sous l'empire, nous apprenait que Bazaine avait une chapelle dans une armoire et que S. S. le Pape avait autorisé qu'on y dise la messe. C'était charmant, n'est-ce pas? Eh! bien, ce n'était pas assez, il lui fallait le grand air, on lui en a donné. Pauvre homme ! Il était entouré de soins et d'attentions, il recevait la visite du préfet des Alpes-Maritimes. Pauvre homme! Je me rappelle Tartuffe.

Par le temps de moralité et de justice qui court, nous en sommes arrivés à n'être surpris de rien de tout cela ; je dis mieux, on s'y attendait.

Je vais terminer sans me plaindre, sans faire de la politique, sans récriminer contre ou pour ce qui s'est passé à Versailles depuis 4 ans, je ferme les yeux sur les faiblesses du parti républicain et j'aime à croire que la leçon lui sera profitable. J'ai une confiance inépuisable dans l'activité et l'énergie du peuple français. Nous nous relèverons sans le secours du sacré-cœur, sans le secours des dames de Lourdes, d'Embrun, et malgré toutes les Marie Allacoque.

Rappelons-nous seulement ce précepte du bonhomme Lafontaine :

> Patience et longueur de temps
> Font plus que force ni que rage.

Ne nous plaignons pas : Etre heureux en ce moment, c'est être coupable.

9

Tout ce qui est intelligent est persécuté, tout ceux qui ont aimé la patrie sont honnis, conspués ou bannis. Une seule gloire est intacte, la plus grande, l'immortelle : Victor Hugo vit en paix, si toutefois le deuil est la paix. Il rayonne dans sa gloire ; pour lui, l'immortalité commence et c'est peut-être le seul grand homme Français qui a pendant son existence entendu la voix de la postérité. Il est des cîmes que l'ordure n'atteint pas.

Par antithèse, le plus grand philanthrope de notre siècle est sous les verroux à l'âge de 82 ans! Et cela pour avoir fait un almananch!

Je peins cette société en deux lignes:

Bazaine est libre et François-Vincent Raspail est en prison !...

Cela me rappelle que la statue de Thémis, à Grenoble, réclame une balance.

Marseille, 10 juin 1875.

A. FAVRE.

Marseille, 18 juin 1875.

Ce matin, à huit heures, le commissaire Arnaud, accompagné de deux agents, est entré dans mon bureau et m'a dit qu'il avait pour mission de me conduire au Parquet, chez le juge d'instruction. Il me fit fermer tous les tiroirs de bibliothèques, de bureaux et de commode et me dit qu'au retour il était possible que l'on procédat à une perquisition.

Connaissant, par les journaux, ce qui se passait à Lyon, sachant que l'on avait fait des perquisitions chez MM. Andrieux, avocat, Belin, ex-juge, Tony Loup, journaliste, etc., etc., je pensai de suite que la persécution dont j'étais honoré avait trait à cette affaire, je ne me trompais pas.

Arrivé chez le juge d'instruction, au Palais-de-Justice, M. de Rossi me demanda si je connaissais ces Messieurs de Lyon, je dis que oui. Il me demanda en outre si je connaissais MM. Peyron, journaliste de Marseille, E. Roux et Bellon, également de Marseille, je répondis que je ne les connaissais pas. Il me demanda ce que je pensais de MM. Bouvier, de Lyon, et Tony Loup, je lui dis que je les croyais d'excellents républicains, mais jeunes et inconséquents et que j'avais la certitude qu'il n'y avait pas l'ombre de Société secrète attendu que les républicains n'ont pas pour habitude de comploter contre la République. Je lui dis, en outre, que depuis

18 mois que j'habitais Marseille, je ne m'occupais pas
de politique. Il me demanda si je connaissais d'autres
personnes de Lyon, entr'autres un sieur Perrin, je
répondis que non. Je lui dis qu'appartenant au parti
républicain, je m'honorais de connaître Gambetta, Ordinaire, Barodet, E. Veron, Balluc et une foule d'écrivains
et d'orateurs courageux, que je ne redoutais aucune
perquisition et que tout ce que j'avais écrit pouvait se
lire aussi bien que les lettres que je possédais.

M. le Procureur de la République vint et me dit que
le Parquet de Lyon pensait avoir de moi des renseignements, je lui répondis que je trouvais le procédé
singulier et qu'il était souverainement arbitraire de faire
une descente de police chez un citoyen pour y prendre
des renseignements ; je lui dis, en outre, qu'il y avait
deux heures que j'étais au Parquet et que j'avais laissé
ma femme malade et mes enfants désespérés. Il me dit
que j'allais retourner chez moi et que le commissaire
Arnaud verrait dans mes papiers si je n'avais rien qui
put apporter quelques lumières dans le complot de Lyon.
Ce fameux complot inventé par le sieur Ducros, ex-
complice du 2 Décembre 1851, aujourd'hui préfet de la
République de 1875, ce fameux complot a permis
d'emprisonner 20 à 30 citoyens de Lyon qui attendent,
sous les verroux, le résultat des investigations de la
police. Comme, certainement, il n'y a pas plus de complot que dans ma main, cela aboutira à une ordonnance
de non lieu ; mais il y aura des gens ruinés, des posi-
tions perdues et des parents malades. Qu'importe lorsque tout cela arrive à des républicains par la volonté
des Bonapartistes! l'ordre moral le veut ainsi.

Je rentrai donc chez moi, accompagné du commissaire Arnaud, et nous retrouvâmes dans mon bureau les deux agents qui n'avaient pas l'air de s'amuser beaucoup.

M. Arnaud vérifia ma correspondance et trouva cinq lettres commerciales de M. Bouvier, de Lyon, auquel j'essayais de faire vendre quelques papiers de pliage. Dans une de ces lettres, il m'annonçait l'envoi, *par la poste*, d'une caisse de chassepots. Le commissaire de police, en lisant cette lettre, me dit : — Mais, Monsieur, voici qui est grave ! vous avez reçu des chassepots ? — Oui Monsieur, et par la poste ainsi que le dit la lettre ; permettez-moi de vous en montrer quelques-uns. Sur ce, je dis à mon fils de montrer la caisse de chassepots. C'était une boîte de la dimension d'une boîte de dominos ; elle contenait encore quatre chassepots miniature en bois et ivoire, et fonctionnant parfaitement ; ils étaient munis de leur sabre-bayonnette et le tout mesurait environ 25 centimètres de longueur. Ces petits bibelots sont fabriqués par les détenus politiques de la prison de Landerneau (Finistère).

Naturellement, Messieurs de la police furent émerveillés devant ce joli travail.

Pour ne pas partir les mains vides, M. Arnaud et ses deux sbires emportèrent les cinq lettres commerciales de Bouvier, et me laissèrent enfin.

. Je croyais tout terminé lorsque, le 22 juin, je reçus, dans l'après-midi, deux lettres m'invitant à me rendre au bureau du juge d'instruction de Rossi. J'y fus le 23 à 9 heures du matin, et là on voulut me prouver que je connaissais M. Perrin, de Lyon, chose assez difficile puisque je ne le connais pas.

Alors, on me montra ma carte de visite au dos de laquelle étaient écris ces mots :

« Cher ami,

« Le parti républicain est divisé à Marseille ; mauvais renseignements sur les correspondants ; je ne peux me rendre à Avignon en ce moment, j'y suis allé pour affaires la semaine dernière et n'y ai pas rencontré notre ami. »

Il n'y avait aucune signature, mais je m'empressai de dire que c'était parfaitement mon écriture. Alors le dialogue suivant eut lieu :

M. LE JUGE. — Lorsqu'on écrit *cher ami* à quelqu'un c'est qu'on le connait beaucoup.

Moi. — Assurément.

M. LE JUGE. — Eh ! bien, Monsieur, cette carte a été trouvée au domicile de M. Perrin.

Moi. — Cela ne prouve pas que je connais M. Perrin, cela prouve simplement que cette carte, qui contient des notes au sujet des élections municipales de Marseille, avait été adressée à M. Tony Loup, rédacteur du *Petit Lyonnais*, que je connais beaucoup, et qu'elle a passé au domicile du sieur Perrin que je ne connais pas du tout.

M. LE JUGE. — Et quel est cet ami d'Avignon dont vous parlez ?

Moi. — Il y a 25 ans que je vais à Avignon et j'y ai

beaucoup d'amis ; mais si vous tenez essentiellement à savoir de qui je veux parler dans cette carte, c'est du docteur Bordone, ancien aide de camp de Garibaldi pendant la guerre de 1870-71. Il n'est pas, à proprement parler, mon ami, mais c'est un homme qui a courageusement défendu son pays, je l'estime et l'honore autant que je méprise les bonapartistes, ce qui n'est pas peu dire ; en somme, il a toutes mes sympathies.

Après ces dépositions, je signai le procès-verbal qui les contenait et depuis je n'ai plus eu de nouvelles de ces Messieurs.

Ce qui précède démontre qu'il est temps que la parole soit rendue au pays, afin que nous ayons une bonne foi un gouvernement. En ce moment, on se demande dans quel pays on vit et qui nous gouverne. Fait étrange, c'est sous la République que les républicains sont poursuivis.

Attendons, peut-être Thémis retrouvera sa balance.

Marseille, 4 juillet 1875.

L'Auteur.

www.ingramcontent.com/pod-product-compliance
Lightning Source LLC
Chambersburg PA
CBHW050001100426
42739CB00011B/2458